はじめて受け持つ

5 小学校年生の

学級経営

小川 拓 編著

新しい時代の学級経営とは

　2020年4月、コロナ禍で多くの学校が休校を余儀なくされる中で、小学校では新しい学習指導要領が全面実施となりました。「社会に開かれた教育課程」「カリキュラム・マネジメント」「主体的・対話的で深い学び」「プログラミング教育」など、多くのキーワードが語られていますが、その多くは教科の学びに関することです。

　では、学級経営は、これまで通りでよいのでしょうか。答えは「否」です。もちろん、これまでのやり方を180度転換する必要はありませんが、変えていかねばならない部分は少なからずあります。

　ポイントは大きく二つあります。一つ目は子供たちの「主体性」を伸ばすことです。

　これまでの日本社会は、製品等をより効率的・大量に生産し、流通・販売させることで発展してきました。そして、学校教育では与えられた課題を「速く」「正確に」こなす力を子供たちに養っていました。

　しかし、時代は変わり、今は自ら課題を見つけ、周囲と協働しながら解決・改善していく力が求められています。会社で言えば、製品を作ったり、管理したりする力よりも、新しい商品・サービスを企画したり、販売や流通のアイデアを提案したりする力が求められているのです。今後、単純作業の多くがAI（人工知能）に代替されていけば、その傾向はますます強まるでしょう。

　そうした流れの中で、新しい学習指導要領では「主体的な学び」が提唱されました。とはいえ、子供の「主体性」は教科の学びの中だけで育まれるものではありません。日々の学級活動、学校行事、そして教師と子供たちとの交流なども含め、教育活動全体を通じて育まれていくものです。

　二つ目は、子供たちに「多様な他者と協働していく力」を養うことです。

　今の日本社会は、10年前、20年前とは比べ物にならないほど多様化しています。自分が受け持つクラスに、外国籍の家庭の子供がいるという教師も多いことでしょう。また、現在の学校では、発達に特性のある子供への対応も求められています。こうした流れも含め、これからの時代の学級集団はますます、多様なバックボーンを持つ子供たちで構成されるよう

になっていくはずです。

　実社会に目を向けても、多様化は進んでいます。企業の中には、多様な国籍の人たちが国境を超えて集い、互いに連携しながらビジネスを展開している所も少なくありません。今後、オンライン化やテレワーク化が進む中で、そうした傾向がさらに強まっていく可能性もあります。

　すなわち、これからの時代を生きる子供たちには、多様な価値観・文化・背景と触れ合い、対話を重ねながら合意形成を図っていく力が求められています。そうした背景も含め、新しい学習指導要領では「対話的な学び」が提唱されたわけです。この力も、教科指導だけでなく、生活指導も含めて育んでいくべきものだと言えます。

　つまり、これからの時代の学級経営は、たとえ子供たちが教師の言うことにきちんと従い、完璧に統率が取れていたとしても、活動が受け身で相互理解が図られていないようでは意味がありません。目指すべきは、子供たちがやりたいことを次から次へと提案し、友達と意見交換をしながら、主体的に計画・実行していくような学級です。そうした学級経営こそが、「予測不可能な社会」をたくましく生きていく子供たちを育てるのです。

　本書「はじめて受け持つ小学校5年生の学級経営」は、そうした学級経営を実践するための知恵やアイデアを詰め込んだ実用書です。1～6年生版の全6冊シリーズで構成され、それぞれの学年の発達段階を踏まえ、効果的な学級経営のやり方等が解説されています。全6冊とも全て、4月の「始業式（入学式）」から始まり、3月の「修了式（卒業式）」で終わる時系列構成になっているので、その時々でご活用いただけます。難しいことは抜きにして、すぐに使えるネタや小技、工夫が満載なので、「学級経営に悩んでいる」という先生や「初めて○年生を受け持つ」という先生は、ぜひ手に取ってみてください。

2021年3月

小川　拓

contents

イラスト　後藤 美穂

学級経営の
基本

　最高のクラスをつくるために、まずは学級経営の
基本を確認しましょう。このPARTでは、絶対に失
敗しない学級経営の法則、5年生の担任として押さ
えておきたい発達段階・道徳性などを解説していき
ます。

1 絶対に失敗しない 学級経営

―「3つの法則」でより良い学級経営を―

1. 人間関係が良ければ成長する法則

　皆さんは新しい学級を担任したら、どのようなクラスをつくりたいでしょうか。「やさしいクラス」「楽しいクラス」「素敵なクラス」等、きっといろいろな思いがあることでしょう。そうしたクラスをつくるために、何を一番に考えて指導していく必要があるでしょうか。それは、ズバリ**「人間関係」**です。特に小学校の担任は、学級の中の人間関係をより良くするための指導ができなければ、つくりたいクラスはつくれません。

　皆さんは、**「人間関係を崩した」こと
がありますか?**

　もう少し、具体的に言うと、「仲間はずれにされたことがありますか?」「特定の人と組織（学級を含む）内で口も聞かないくらい気まずい関係になったことがありますか?」教師になるまでの間でも、一度くらいは経験がある人も多いでしょう。その時、どんな気分だったでしょう。人間関係が苦で、何も手につかなかったのではないでしょうか。

　人間関係が良くなければ、人は何もやる気が起きなくなってしまいます。右の図はアルダファーのERG理論のピラミットです。このピラミッドのように、「生存欲求」が満たされると、人は「関係欲求」を満たそうとします。「関係欲求」が満たされると自分の成長を満たしたくなるのです。極端な話、人間関係さえより良くできれば、人は勝手に成長していくのです。それは勉強だけに限りません。スポーツや趣味も同じで、自分を伸ばそうと努力を始めるのです。

つらくて、何も手につかないし
夜も眠れない…。

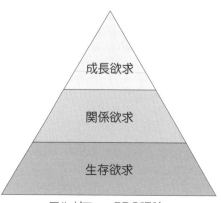

アルダファーERG理論

成長欲求

関係欲求

生存欲求

英会話を始めたいな！毎日、体力づくりで、
ランニングしよう！勉強もがんばろう！！

　このことからも、その学年に応じた学級経営を行いなが
ら、人間関係のことも考えながら、学級経営を進めていく
必要があります。

2．褒めることで信頼関係が深まる法則

　人は信頼している人の言うことしか聞きません。威圧的な教師や上司の言うことを聞く場
合もありますが、それは心の底から話を聞き、態度に表しているのではなく、怖いからやる
のであって能動的な行動ではありません。そのような状況下では、大きな成長や創造的な考
えは生まれないでしょう。

　それでは、子供たちはどのような人を信頼するのでしょうか。それは簡単です。褒めてく
れる人のことを信頼するのです。言い換えれば、褒めてくれる人の言うことを聞くのです。
心の底からという言葉を付け加えるのであれば、褒める人の言うことしか、「心の底」から
聞きません。

　より良い信頼関係を築くためには、どのように褒めていけばよいのでしょうか。人間は、
人の悪い所はよく目につくものです。気を付けていなくても悪い所やいけない行為は気にな

ります。その部分について指摘するのは簡
単です。一方で、褒めるという行為は、常
に対象となる子供たちを褒めてあげようと
いう気持ちがなければ、褒めることはでき
ません。そうしなければ、気付かないで流
れてしまうのです。

　人を褒めるときには、「褒めるという自
分のスイッチを入れ、スイッチをオンのま
ま壊す位の気持ちが必要だ」と考えます。
「褒めてあげよう！褒めてあげよう！」と
いう気持ちを常に持たなければ、子供を褒
めることはできないのです。

　それでは、褒める際にはどこに気を付ければよいのでしょうか。以下、「褒め方10か条」
を紹介します。

褒め方10か条

1. 小さなことでも進んで褒める。
2. タイミング良く素早い反応で褒める。
3. 三度褒め、言葉を惜しまない。
4. 事実を具体的に褒める。
5. 成果だけでなく、過程や努力を見逃がさない。
6. 次の課題や改善点を見いだしながら褒める。
7. 言葉だけでなく、体全体で褒める。
8. スポットライトで映し出して褒める。
9. 褒めることを途中でやめない。
10. しんみりと成果を味わって褒める。

3.「きまり」の徹底が学級をより良くする法則

　学校や学級には大きな「きまり」から小さな「きまり」まで、さまざまなものがあります。大きな「きまり」は事故につながったり、人命に関わったりするようなこと、あるいは一人一人の人権に関わるようなことなどが挙げられます。これらの「きまり」は、子供が考えて決めるものではありません。生徒指導に加え、全教科・領域の中で行う道徳教育等を通して、指導の徹底を図っていく必要があります。

　大きな「きまり」ではない小さな「きまり」については、学級の中で決めていくことが大事です。低学年であれば、ある程度は担任が決めてあげる必要もあるでしょうが、なるべく子供同士が話し合いながら決めていくことが望ましいでしょう。

　教室の中には、目に「見えないきまり」がたくさんあるのです。掲示してあるような「きまり」がある一方で、掲示するほどではない「きまり」もたくさんあるのです。例えば、「机の上の教科書、ノート、筆記用具の配置」「自分の上着などをかけるフックのかけ方や使い方」「忘れ物をしたときの報告の仕方やその後の対応」「給食のときの並び方や片付けの仕方」「掃除の始め方や終わり方」「授業のときの挙手の仕方のきまり」等々です。これらの「きまり」を「見えないきまり」と呼びます。そうした「きまり」は、自分たちの生活をより良くすることを目指して子供たちと話し合いながら決め、大きな「きまり」については学校や教師からしっかりと伝えていくことが大事です。

（1）「見えないきまり」の作り方は？

　「見えないきまり」をどうやって作るかというと、良い行いをしている子を「褒める」ことで作っていきます。教室に入ってきたときに、しっかりとあいさつをした子を褒めれば、

「先生が教室に入ってきたときにはあいさつをする」というルールが出来上がります。始業式の日にあいさつについて褒める（指導する）ことができなければ、子供たちは「あいさつはしなくてよいものだ」と思ってしまいます。

　机の上の整理がしっかりとできている子を褒めれば、自分も褒められたいがために、真似をする子も出てきます。その様子を褒めれば、小さな「きまり」は定着していきます。そしてその次の時間、また翌日…といった具合

に、整理整頓等ができている子を見逃さずに褒めていければ、クラス全体に浸透していくことでしょう。これは強制的なきまりではなく、子供たちが自ら進んで行う「きまり」にもなっていきます。

（2）全体に関わる「きまり」を決めるときは全体で！

　休み時間などに、子供たちがこのように問い掛けてくることがあります。

　「明日の図工の授業に、○○を持って来ていいですか？」

　この時、即答してはいけません。細かい質問に一人一人対応していくと、後で「聞いた」「聞いていない」「あの子は許可されて、自分は許可されていない」など、人間関係を崩す要因になります。全体に関わる「きまり」の場合には、学級全体に投げ掛けることが大事です。学年の場合も同様で、自分のクラスだけ特別なものを持参していたり、特別な行為をやってよかったりすると、クラス間の人間関係も崩れます。全体に関わる「きまり」については即答を避け、クラス全体・学年全体で話し合い、方向性を決める必要があります。「きまり」を大切にするクラスは、学級経営に秩序と安心感を生み出し、より良い学び舎となるのです。

（3）その他「どうせ張るなら」こんな「きまり」

　できていないことを張り出しても効果はありません。前向きになる掲示を心掛け、積極的な生徒指導をしていくことが大切です。常に前向きな言葉掛けで、子供を育てましょう。

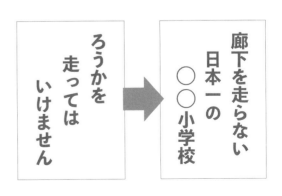

2 5年生担任の押さえておきたいポイント
ー発達段階と道徳性の理解ー

1. 5年生の体と心の発達

　5年生は思春期の入口に当たり、心も体も大きく変わり始めようとしています。子供自身は、自覚できていない場合が多いですが、私たち大人は認識しなければなりません。しかし、一方ではまだ中学年の幼さも残っていて、思春期の兆候すら見られない子供もいます。心と体のアンバランスさがあり、それを不安に思う子供もいますが、誰もが通る道であり、必要な変化です。子供は「自分探し」「自分づくり」をしているところです。変化を敏感に感じ取り、適切な対応をしていくことが求められます。

2. 5年生の興味・関心

　委員会活動も新たに始まり、「学校のために」という活動が増え、自分たちが「高学年」である自覚が高まってきます。自分たちが下級生の手本となることを意識して、より良い行動をしよう、みんなのために働こうと意欲的に活動する姿が多く見られるようになります。
　大人の行動をよく見ていて、教師が公平に接しているか、敏感に感じ取ります。ダメなことをしっかりと叱ってくれる教師かどうかもよく見ています。納得がいかないことは、批判する、反論する等、大人として扱ってほしいという欲求も表れてきます。

3. 5年生の社会性や道徳性

　5年生にもなると、大人だけでなく、友達にどう見られるか、どう思われているかを気にするようになります。異性との関わりにも変化が見られ、男女の関係や女子だけの関係でトラブルが起こることもあります。担任だけでなく、学年の教員同士で協力して、子供たちの言動や様子を見守っていきましょう。
　中学年より生活が落ち着き、正しいことを行うことの大切さを理屈で理解し、行動に移すことができるようになります。反面、学校生活に慣れてくる頃でもあるので、学校生活のあらゆる場面でけじめを意識させ、学習のルールや約束事を守ることの大切さを改めて指導しましょう。

5年生になると、多くの学校で宿泊学習が行われます。普段の学校生活の延長線上に宿泊学習があります。家族旅行とは違い、友達と一緒に過ごす集団生活を通して、協力的な態度や役割に対する責任感を身に付け、友情を深めることができます。

4. 5年生の指導において意識したいこと

5年生は、高学年のスタートでもあり、6年生への準備が始まります。常に学校の中心となる6年生を目標として、学校の「土台」となることを意識させることが大切です。強く安定した土台を作るためにがんばる学年であることを伝えましょう。

土台を強くするために、5年生として何ができるかを常に考えさせて行動させると、大きな成長につながります。人との違いを認め合い、受け入れ、集団としての力を高められようにします。

誰かに任せてついていくのではなく、一人一人が何をするべきかを考えて行動することが、個人だけでなく学級・学年の集団としての高まりにつながります。みんなでがんばることの良さ、自分だけでなく友達も大切にすることの良さを感じられるようにしましょう。それとともに、委員会・クラブ活動などを含めた特別活動等を通して、リーダー性を育てることも大切です。

学校行事においても、中学年までとは違った行事や役割があります。学校行事は、子供が成長するチャンスです。目標を持たせ、やり切った後の充実感や達成感を味わうことができるよう計画を立てることが大切です。また、それぞれの学校行事で身に付けた力を普段の学校生活や次の学校行事に活かせるように、振り返りをきちんと行う必要があります。

学級だけでなく、学年単位で動くことも多いのが高学年です。それぞれの学級経営に全力を注いだ上で、全員が学年担任という意識を持つことも大切です。3クラスなら3人で学年を指導していくことで、生徒指導上の問題やトラブルが起きた際に、指導がやりやすくなります。子供にとっても、たくさんの大人が自分たちを大切に思ってくれているという安心感につながります。「自分のクラスではないから」という意識は捨て、学年を育てていきましょう。

そのために、可能であれば、一部教科担任制を取り入れることも有効です。また、少人数指導の加配がある場合などは、3クラスを4クラスに分けて算数の授業を進めることもできます。

PART 2

4月上旬〜中旬の学級経営

　1年間のうちで最も大切だと言われるのが、年度当初の学級経営です。このPARTでは、学級が最高のスタートを切るために、4月上旬〜中旬にすべきことなどを具体的に解説していきます。

1 学級開き
―最高の笑顔で、最高の出会いを！―

1. 初日に不安なのは、担任も子供も一緒

　始業式の日、担任も不安や緊張がありますが、子供たちも期待と不安が入り混じった気持ちで登校してきます。5年生の学級開きは、これから始まる「高学年」という2年間のコースのスタートラインです。元気一杯走り出せるよう、最高の笑顔で迎えてあげましょう。そのためには、当日までの準備が重要です。自分の学級が決まってから始業式当日までの流れについて、解説していきます。

2. 当日の朝までの準備で8割が決まる

（1）5～4日前…引継ぎのときは要注意

　自分が担任する学級が決まったら、まずは子供の名前と順番を覚えましょう。ただ、名簿とにらめっこしていてもなかなか覚えられないので、子供の書類を分類するときや学級の名簿を作成するときなどに、小声で名前を確認しながら作業するなどして、少しずつ覚えていくとよいでしょう。

　また、担任決定後、すぐに子供の引継ぎ作業があると思います。確認しておくべきことは、健康上配慮する事項や家庭との連携で気を付けることなど最低限のことだけで構いません。どの子も5年生の初日には「今年こそはがんばろう！」と、新たな期待を胸に登校してくるわけで、変な先入観は持たない方がよいでしょう。

（2）3日前…学年の教師とルールを明確化

　学年間での共通ルールはとても重要です。特に、高学年の子供は隣の学級の様子に敏感で、「うちのクラスはダメなのに、隣のクラスはOK」というものがあると、すぐに反応してきます。そのため、事前に学年で最低限のルールは決めておいた方がよいでしょう。具体的に、以下のようなものです。

- 筆箱の中身（特にボールペンやシャープペンの扱い）
- 忘れ物の貸し借りのルール　● 連絡帳の書き方＆チェックの有無
- 宿題の量や内容　● 自習のときの過ごし方

これらは、始業式から３日以内に、学年集会などを開いて確認・指導するようにします。そして、その後も子供から質問や訴えがあった場合、その都度、学年会等で相談し、共通理解・共通指導を図っていきます。

また、学年会で年度当初の配付物、集めるもの、報告するもの、提出するものを確認しておきましょう。初日は特に数が多いので、漏れがないよう進めるためにも、リスト等を作って確認していくことをお勧めします。

（3）２〜１日前…出会いの黒板は、ユーモアと歓迎の気持ちを込めて

始業式前日は、入学式準備や分掌会議など、学校全体や学年での動きがたくさん出てくるでしょう。その都度やるべきことの優先順位を考え、見通しを持って行動することが大切です。

学校・学年の仕事が一段落したところで、いよいよ教室準備になります。主な準備事項として、**①机・椅子の配置、②ロッカーや下駄箱のシール貼り、③最低限の教室掲示、④出会いの黒板**があります。④の出会いの黒板は、それを見た子供たちが、これからの１年間に期待を持てるようなものに仕上げましょう。

３．いよいよ始業式当日！

始業式当日は、できればいつもより少し早めに出勤して、朝のうちにもう一度教室や、子供たちの名前の読み方を確認しておきましょう。

子供との初顔合わせは、「教室で初めて出会う」パターンと「体育館で対面後、教室に子供と向かう」パターンの二つに分かれます。

（1）学級開きシナリオ①　「教室で初めて出会う」パターン

恐らく、子供たちは新しい担任が誰かでざわついていることでしょう。入室時の第一声で、

そんなざわざわを打ち消してしまいます。教室前で大きく深呼吸し、自分が笑顔でいることを確認した上でドアを開け、大きく元気な声で「おはようございます！」と言って一歩進みます。少し様子を見て、もし子供たちがキョトンとしていたり、聞こえてくるあいさつが小さかったりしたら、首を傾げながら「教室を間違えたかな…？」などとつぶやき、いったん外に出ます。そして数秒後、もう一度大きな声で、「おはようございます！！」と言って入ります。

　そのまま、子供たちの前に進んでいき、子供たちの前に姿勢良く立ちます。そこでもし、窓がすでに開いていたり、提出物が教卓に出ていたりしたら、

「お！窓が開いていて、この教室は気持ちがいいね！開けてくれたのは誰かな？」

と聞きます。そこで子供が手を上げたら「A君のおかげで気持ちの良い5年1組の初日が迎えられたよ！ありがとう！！」と言います。先生からの最初の称賛で、きっとその子は翌日から毎日、窓を開けてくれるでしょう。

（2）学級開きシナリオ②　「体育館で対面後、教室に子供と向かう」パターン

　校長先生から担任が発表されたら、最高の笑顔＆爽やかに大きな声で返事をします。その時の姿が、担任の第一印象となります。子供たちが「この先生のクラスでやっていくのが楽しみ」と感じられるようにしましょう。

　教室に向かう際も、歯切れ良く「5年○組起立！」と声を掛けます。そして、素早く立てたら「さすが高学年！」と大きな声で褒めます。もし、ダラダラと立つようなら一度着席させ、「高学年らしい起立を見せてください」と言い、もう一度起立をします。きっと二度目は、ほとんどの子供がすっと立つでしょう。それができていたら、大いに褒めます。

　教室に着いたら、席に座るよう指導します。その際、子供たちに「これから5分間で、先生が出席を取りやすいように座ってごらん」と指示を出すと、子供たちはまだ名前や素性を知らないクラスメートと話さざるを得ません。それだけでも学級内での交流が生まれます。

（3）担任の自己紹介と子供たちへの思い

　まずは、担任の自己紹介です。工夫の一つとして、自分の名前を覚えてもらうために「あいうえお作文」の自己紹介があります。そして、それをする前に「明日、皆さんにも同じように自己紹介してもらいますね」と子供たちに伝えます。

> **が**……外国に住んだことがあります。
> **く**……車でドライブするのが趣味です。
> **じ**……自分で考え行動できるクラスを作ります。

　担任の自己紹介が終わったら、「私は今朝まで、皆さんに会うのをとても楽しみにしてい

ました。そして今、皆さんに会ってこれからの１年がとても楽しみになりましたし、皆さんのことが大好きになりました。それでは、私が皆さんを嫌いになるのはどんなときでしょう？」と聞きます。すると子供は「忘れ物をしたとき？」「いじめをしたとき？」などと発言します。

　　意地悪な質問をしてごめんなさい。正解は…ありません！どんなことがあっても、私は皆さんのことを嫌いになることは決してありません。ただし、絶対に許せないことは三つあります。それは、「３回注意されても、直そうとしないとき」「友達や周りの人に嫌な思いをさせて平気でいるとき」「命に関わるような危ないことをしたとき」です。特に二つ目の「嫌な思いにさせて平気でいる」ことは絶対に許しません。私は、この５年○組を、絶対にいじめのない学級にします。私は、「いじめられている子」や「困っている子」の味方になります。

　このように、いじめは許さないことを最初に宣言します。きっと子供たちは真剣な表情で聞いてくれると思うので、最後は笑顔で

　　でも逆に、次の三つのことをしたときは、めちゃくちゃ褒めます。それは、「自分たちで考えて学級や学校のために何か行動をしたとき」「困っている人を助けようとしたとき」「努力してこれまでできなかったことを克服したとき」です。私の見えないところでこれができている、これをしている友達を見つけたら、すぐ教えてください。

と伝えます。

　そこまで話すと、子供たちの顔が、やる気に満ちた表情へと変わってきます。そこで最後は５年生の自覚を持てる話をします。

　　皆さんは今日、晴れて高学年となりましたが、365日後には最高学年となり、この学校を引っ張っていかなくてはなりません。立派な最高学年になるため、たくさんの行事と成長できるチャンスを用意しています。ぜひ、自ら積極的に取り組み、40人の仲間と協力して、大きく成長していってください。

　その後、提出物の回収や翌日の連絡が終わったら、帰る前に次のような宿題を出してみましょう。

　　家に帰ったら、お家の人が新しい担任が誰か、聞いてくると思います。そのときに、すぐに教えずヒントを出してみてください。「①顔が長い、②スポーツが好きそう、③笑うと目がなくなる」のようにです。保護者懇談会のとき、どんなヒントを出したのか、お家の人に聞きますよ。では、さようなら。

　きっと、子供たちの帰り道は「どんなヒントを出そうか」などの話題で持ちきりになるでしょう。保護者も面白そうな担任だと感じてくれると思います。

2 朝の会
―1日の活動に意欲と見通しを持たせる―

1. 朝の会の目的とは

朝の会は何のために行うのでしょうか？主な目的は以下の2点です。

> ● 子供たちに「がんばろう！」とやる気を出させ、意欲を高める。
> ● 学習や学校行事などの予定を確かめ、1日の生活への見通しを持たせる。

子供たちにとって楽しく明るい1日のスタートになるよう、落ち着いた温かい雰囲気の朝の会にしましょう。

2. 注意すべきこと

朝の会は、授業に向けたジャンプ台のようなもの。朝の会を充実させようとしたがために、1時間目の授業が短くなってしまっては本末転倒です。高学年は担任以外の教師が行う授業も増えるので、他の教師に迷惑をかけることにもつながります。短い時間で最大限の効果を上げる朝の会にしましょう。

3. 活動の工夫

（1）朝のあいさつ

1日の初めに全員で行う大切な活動です。ここでの態度や気持ちが、1日を左右すると言っても過言ではありません。一人一人と目を合わせ、さわやかに「おはようございます！」とあいさつをしましょう。

また、高学年になると、地域の方にも進んであいさつしようとする態度が求められます。日々の活動を普段の生活に生かそうとする態度を養いましょう。

（2）健康観察

健康観察でテーマを提示すると、楽しんで答えてくれます。例えば「朝の主食」であれば、「はい、元気です。パンです」、「好きな教科」であれば、「はい、足が痛いです。国語です」といった感じになります。夏休み明けに「就寝時刻」をテーマにすれば、実態を把握して生

活指導に役立てることもできます。

また、ハンカチやティッシュの確認は健康観察時に行います。「はい、元気です！」の声とともに、右手にハンカチ、左手にティッシュを持たせてバンザイをさせることで、持ち物の確認を行うことができます。

（3）今日の目標

「1時間に1回発表しよう」「掃除は集中して静かにやろう」などと、めあてを持って生活させるため、日々の目標を提示します。当初は教師が子供たちの実態に応じた目標を立てますが、慣れてきたら日直に考えさせます。振り返りは帰りの会で必ず行い、「できた！」「次はがんばろう！」という思いを持たせ、次の行動につなげるようにします。

（4）朝の歌

朝から声を出して歌うことは、気持ちを落ち着かせ、心を一つにする上で効果的です。しかし、曲の全てを歌うと時間が取られます。曲の1番だけ集中して歌ったり、日によって入れ替えて歌ったりするなどして、短時間で行うようにします。

（5）1分間スピーチ

人前で話すことに慣れさせ、表現力や聞き取る力を高めるために1分間スピーチを行います。また、子供同士の話題を作ることにも役立ちます。

> 【1分間スピーチのテーマ例】
>
> ○好きな物、こと　○新聞記事、ニュースの紹介
> ○楽しかったこと　○はまっていること　○林間学校で楽しみなこと
> ○2学期の目標　　○新年の抱負　　　　○こんな6年生になりたい

話す内容は、国語で学ぶ「はじめ、中、終わり」の構成で考えさせます。おおよそ200字で1分のトークの量になります。初めは原稿を書かせて分量や構成に慣れさせ、次第にメモや原稿なしでもスピーチができるようにします。

（6）先生の話

担任からは、学習や学校行事などの予定、職員集会などで挙がった共通理解事項など、1日の見通しを持って生活させるための話をします。簡潔に、正確に伝えることが大切です。「休み時間はクラスレクだね」「給食のカレーが楽しみだね」など、何気ないことにも触れて1日の生活への意欲を高めるようにします。

3 帰りの会
―短い時間で1日を振り返る―

1. 帰りの会に対する基本的な考え方

　帰りの会とは、授業で言えば「まとめ」や「振り返り」の時間に当たります。1日の活動を振り返り、明日への期待を膨らませる時間です。下校を待ち遠しく思う子供もいますが、最後まで落ち着いて話を聞く時間にする必要があります。長引くと集中が切れて余計な指導をすることになったり、下校路で少人数（最悪の場合一人）になったりします。最低限の内容にして、できれば5分程度で簡潔に行うようにしましょう。

2. 活動の工夫

(1) 当番・係からの連絡

　5年生になると担任以外の教師が受け持つ授業が多くなるため、教師間の連絡・情報共有は欠かせません。一人一役当番の「連絡」の子供が休み時間に確認し、その内容を担任が連絡帳に反映させるようにします。また、担当児童からもクラス全体に連絡をさせることで、持ち物を繰り返し確認でき、忘れ物を減らすことができます。

　係からの連絡も、活動の前日には連絡をさせます。「あしたの20分休みはクラスレクだった」「レクがあるけど、委員会があるから参加できない」など、翌日の見通しを持たせる上で、大変効果的だからです。また、係の子供にも早めに連絡をさせることで、直前になって「準備をしてなかった！」という事態を避けられます。

　注意点としては、この場は簡単な連絡のみ行うようにすることです。詳しい話や話し合いが始まると、下校がどんどん遅くなってしまうからです。係からの連絡コーナーを用意して、事前に記入させておくことで、効率良く連絡を行うことができます。

係からの連絡コーナー

（2） 今日のキラリ

　「今日のキラリ」と題して、1日の生活の中で活躍していた友達を紹介し合い、楽しく温かい雰囲気づくりを行います。発表の後には、友達に認めてもらえる素敵な行動ができたこと、そんな良い所を見つけて紹介してくれたことをクラスで共有し、どちらも盛大に褒めてあげます。

　より具体的に、より感情を込めて発表できた子供がいたら、工夫した表現方法を広めます。詳しく言ってもらった方がうれしく、豊かな表現の仕方も身に付いていきます。

　具体的に、以下のように紹介します。

> 「○○さんが算数の時間にがんばっていました。」
> 「○○さんが算数の時間に計算の仕方を教えてくれました。」
> 「○○さんが計算の仕方を教えてくれました。分かりやすかったです。」

（3） 今日の目標の振り返り

　朝の会で設定した目標について、自己評価をさせます。「できた」と答えた子供には称賛の言葉を、「できなかった」と答えた子供には励ましの言葉を送りましょう。時間に余裕があれば、どんなところをがんばったのか発表させると、子供たちの意欲を高めることができます。

（4） 先生の話

　子供の行動観察、「今日のキラリ」や目標の振り返りなどを踏まえて、1日のがんばりを認めるような話をします。「今日も楽しく勉強ができた！」「明日もがんばりたいな」など、翌日への意欲につなげるようにします。

（5） 帰りのあいさつ

　帰りのあいさつをする前に、机・いすをきれいに整えさせるようにします。子供たちの整頓への意識を高め、放課後の仕事を減らすことができます。

　あいさつの後は、子供たちみんなが笑顔で教室を出られるようにジャンケンで締めくくります。「勝った人から順に帰る（5回まで）」「日直とジャンケンをする」「負けた人から順に帰る」など、日によって工夫してもよいでしょう。

4 授業開き 各教科最初の授業
―高学年最初の授業のポイントとは―

1. 5年生の学習内容

　子供たちの学校生活の中心は、授業です。そのため、担任の力とは主に授業力と言えます。5年生の教科の学習内容を見ると、それまで学んだことを使って、「なぜそうなるのか」「どうしたらそれが解決できるのか」など、考えさせる内容のものが増えてきます。時には、それが子供の「難しい」「分からない」につながり、「苦手」へと変わってしまうこともあります。そうならないために、基礎的・基本的事項の確実な定着を目指した指導をするとともに、子供たちが「楽しい！」と感じるような授業を展開していくことが大切です。

2. 授業開きは、「分かった」よりも「楽しい」を優先に

　教師に求められているのは「よく分かる」授業ですが、授業開きでは少し考え方を変えます。これから始まる高学年の難しそうな授業に、不安を持っている子供たちが、その1時間が終わった後、「この教科、楽しい」「これからの学習、楽しみだな」と思ってもらえるような授業を考えます。

　具体的に、子供が「楽しい」と感じられる授業は、どのようにつくればよいのでしょうか。それは、その授業を展開する教師自身が「面白そう」「子供の反応が楽しみ」と思えるような流れを考えればよいのです。

　そんな授業を展開するためのポイントは次の3つです。

---

①ゲーム性のある授業
　　班対抗5年生予習クイズ、4年生復習ビンゴなど
②スモールステップの授業
　　目次を見てどんな学習か予想する、最初の単元の導入で図や動画を使うなど
③体験的活動のある授業
　　教室の中から関連するものを探すなど

　また、授業開きではノートの書き方、挙手のルール、国語の音読の順番、体育の準備運動の流れや、理科室の使い方など、その教科で1年間通して使う内容についてもしっかりと押

さえておきましょう。

3. 授業の形態は、その内容に合わせて

授業を計画する際、効果的な手法を取り入れると、より深い学びにつながります。下表はその一例ですので、必要に応じて実践してみてください。

形態	メリット	デメリット	有効な場面・場合
1人で考える	・自分の考えを整理することができる ・騒がしくなりにくい	・自分の考え以外は思い浮かばない ・飽きやすい	・簡単な回答を出させたい場面 ・集中して取り組ませたい場合
2人で話し合う	・自分とは違う考えに気付くことができる ・短時間で答えを出せる	・多面的な考えが生まれることは少ない ・やや騒がしくなる	・選択肢から答えを求めさせたい場面 ・答えの理由を深く求めない場面
4人班で話し合う	・多様な考えに触れ、学びが深まる ・新しい考えが生まれやすい	・盛り上がりすぎるとうるさくなる ・時間がかかる	・答えの理由まで言わせたい場合 ・多様な考えに気付かせたい場合
体験活動	・体験することで、その喜びや楽しさ、大変さを実感することができる	・振り返りがないと、ただ「楽しかった」で終わってしまうことがある ・準備に時間や手間が必要	・五感で感じさせたい場面 ・できた喜びを味わわせたい場面 ・想像だけでは理解しにくい場面
ICTを活用	・視覚的に分かりやすい ・体験活動ほどの準備は要さない（個別に対応できる・意見の共有がしやすい）	・「楽しかった」で終わってしまうことがある ・ICT機器の整備状況によって使えないこともある	・教科書の写真や図だけでは、伝えにくい場面（全員の意見を共有したい場合）
ティーム・ティーチング	・複数の目で、子供の実態を把握することができる ・理解状況に応じた、きめ細やかな授業ができる	・連携がうまくいっていないと、教える内容に差が生まれる ・教員数が必要 ・事前の打ち合わせが必要	・理解度に差がある場面 ・きめ細やかな指導が必要な場面
少人数指導	・子供一人一人の様子を把握しやすい ・全体的に落ち着いて学習できる	・グループごとに指導内容を変える必要がある ・教員数が必要	・一人一人を把握したい場面 ・きめ細やかな指導が必要な場面

国語の授業開き －お勧めの授業例と留意点－

1. 授業は学級経営にもつながっている

　「国語の授業が苦手」という教師は、少なくありません。「国語が好き」という子供が少ない学級は、その原因が担任にあったりします。そんな教師だと、学年最初の国語の授業で、何をすればよいのか悩むことでしょう。そんな教師でも、授業開きや授業参観で行えば、子供たちから良い反応が得られる授業ネタを紹介します。恐らく、45分があっという間に感じるはずです。

「ピクチャーゲームをしよう」

　まず、教師から次のように問い掛けます。

「先生がA～Eの絵の説明をします。その絵を当ててください。3文で説明します。」

① **「△があります。」**
② **「□があります。」**
③ **「□の中に○があります。」**
（※一文の中に、情報は一つとする。）

「先生が説明した絵はどれでしょう。」

　子供たちからは「分からない」「どれにも当てはまる」「二つの条件に当てはまる」「おでんみたいと言えば」などの反応があるでしょう。続いて、次のように話します。

「先生はBを説明しました。どうやったら分かるかな？」

　すると子供たちからは、「Bを強める！」「直角二等辺三角形がある」「正方形の中に○がある」などの反応があると思います。次に、こう伝えます。

「それでは、一つ選んで、隣の人に一文で伝えて当ててもらいましょう。」

【予想される説明の例】
「小さい三角形がある。」
「丸と四角は接していない。」
「カメラに似ている。」

　子供たちからは、「イメージを言えば伝わりやすいかも」などの意見が出てくるかもしれません。その後、数名の子供に全員に向けて出題させます。

次に、教師から次のように問い掛けます。

「今度は、三文で右のA〜Eの絵を隣の人に描いてもらってください。」

「正三角形が４つある」「頂点で全て接している」「風車のような形」など、子供たちは、算数で習ったことや図の「特

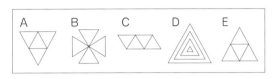

徴」「イメージ」等を大切にしながら相手に分かりやすく伝えようとします。他者に自分の考えを伝えることの難しさを感じながらも、相手の気持ちになって取り組む様子を褒めてあげてください。「なるほど！」と教師が納得させられる表現も続出します。多少「一文、一情報」でないケースもありますが、少ない情報で伝えられた子供を称賛しながら、短い言葉で簡潔に分かりやすく伝える技能を学んでいきます。「思考・判断・表現」を育てるとても良い教材です。

参考文献：光成直美『読む・話す・聞く・書く力をつける楽しいゲーム』（学事出版）

２. 授業開きの留意点

　担任が変わると、ノートの取り方も変わってくると思います。どのようにノートを使うのか、黒板に書かれたことのどこまでをノートに写すのか、そういった細かいことも子供たちと確認しながら授業を進める必要があります。中には、板書をきれいに写すことで満足してしまう子供もいるので、自分の意見と友達の意見を分けて書くことや、絶対にノートに写すときの合図等も伝えます。

　漢字の練習ノートもしっかり時間を取って使い方を指導します。右のような見本プリントを作り、ノートの表紙の裏に貼ります。

　書き順と、とめ・はね・はらいに気を付けほしいので、とめ＝「とん」、はね＝「ぴょん」、はらい＝「しゅっ」と声に出しながら、全員で新出漢字を空書きして確認します。例えば、「士」なら「とん、とん、とん」、「句」なら「しゅっ、ぴょん、とん、とん、とん」となります。みんなで空書きする姿は、高学年でも教室の雰囲気が和みます。

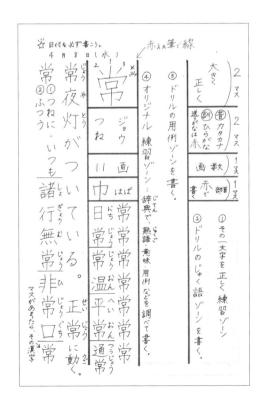

算数の授業開き －数を使ったゲームで学ぶ－

1. 5年生の授業開きは「問題の可視化」が大切

　5年生の算数でつまずきやすい単元は何でしょうか。それは「分数のたし算・ひき算」と「単位量当たりの大きさ」だと思います。なぜかというと、学習内容が抽象的になり、どちらの単元も量感がつかみづらく、子供たちが困惑してしまうからです。「5mのリボンの長さをもとにすると4mのリボンの長さは何倍に当たるか」「9㎡に14匹いるときの1㎡あたりの平均の数」など、文章を読むだけでは問題把握が難しくなってきます。

　そこで、問題を図表に表してイメージしやすいよう可視化することが必要になってきます。そこで使うのが「数直線」です。テープ図や線分図などと比べ、テープの長さで表していた量を目盛りに置き換えることで簡潔になり、2つの数量の関係が分かりやすくなります。自分で書いたり操作したりして、思考ツールとして活用することができます。

　授業開きでは、問題を可視化することの良さに加え、偶数と奇数、倍数の学習につながる整数の性質について、数を使ったゲームを通して学んでいきます。

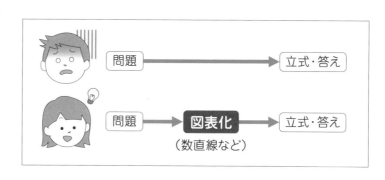

2.「21を言ったら負けゲーム」で数の面白さに触れる

　その名の通り、数字の「21」を言った方が負けというシンプルなゲームです。

　導入では、子供たちにルールを示し、挑戦者を募って実際に対戦します。ちなみに、後攻になって4の倍数を言うのが必勝法ですが、先攻になっても途中で4の倍数を言うことができたら勝てます。

> ### 21を言ったら負けゲーム　ルール
>
> ● 1から順番に交互に数字を言っていく。
> ● 1度に言える数字は3つまで。
> ● 21を言わされた方が負けとなる。

　2～3回行うと、どうやったら勝てるのか、考え出す子が出始めるので、そのタイミングで課題「数の並び方に着目して、ゲームで勝つ方法を考えよう」を提示します。また、直前の対戦結果を黒板に図で示し、ノートにも写させ、本時のねらいである「問題の可視化」の

良さにつなげるようにします。

　本時は、個人が自力で答えを見つけることよりも、協力し合って早く課題解決を行うことを求めています。グループで図を見ながら意見を出し合わせ、教師が4の段の答えを常に選択していることに気付かせます。気付いたグループには、なぜ3や5の段ではなく、4の段なのか考えさせ、思考を深めさせます（倍数は5年生の学習です。未習なのでかけ算の表し方を使っています）。

　練り上げの場面では、4のまとまりをつくる意義について話し合います。4のまとまりは相手が何を選んでもつくることができること、20を最後に言えば相手が21を言わざるを得ないこと、5の段でも20は言えるが1度に言える数が3つなので5の倍数が言えないときも出てくることに気付かせるようにします。これらの話し合いを図を使って説明させることで、構造化した考え方を視覚的に示して理解を深めさせることができます。

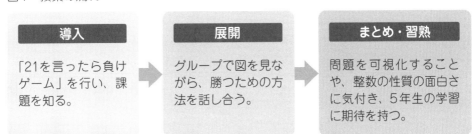

　さらに、話し合った考え方を使うことで、「1度に4つまでで31を言ったら負け」など、数の仕組みを使ってルールを工夫する面白さも出てきます。ここまで理解が深まると「ゲームがしたい！」と言う子が続出するので、学びを生かして隣の友達と対戦して、学びの検証を行わせます。

　最後には、学習を振り返り、まとめをします。「対戦の様子を図にしてみたら考えやすかった」という意見から問題を図式化し、可視化することの良さに気付かせ、これから学ぶ数直線の活用について触れておきます。また、「九九を使って答えを出すことができて面白いと思った」という意見を数の面白さにつなげて、整数や小数、倍数などの5年生の学習への意欲づけに生かしていきます。

図1　授業の流れ

導入	展開	まとめ・習熟
「21を言ったら負けゲーム」を行い、課題を知る。	グループで図を見ながら、勝つための方法を話し合う。	問題を可視化することや、整数の性質の面白さに気付き、5年生の学習に期待を持つ。

道徳科の授業開き－道徳の時間では何を学ぶ？－

1. 道徳科オリエンテーション

　道徳科の最初の授業では、教科書の巻頭を使って「道徳の時間とは」という話をして、授業についての心構えや学び方を確認します。

道徳の時間って…？ ➡ 「心をたがやす時間」

そのために大事なこと。

● 道徳の時間に間違いはない。

● 正直な心になり、自分を見つめよう。

● 一人でもしっかり考えよう。

● 友達の意見を心と体で聴こう。

● お互いの良さを認め合おう。

● みんなの意見を聴き合い、より良いものを見つけよう。

● 自分を見つめ、自分の生き方について考えを深める時間にしよう。

---

2. 授業の流れ

（1）オリエンテーション

　教科書を開いて、道徳ではどんなことを学習するのかを確認します。例えば、学研「みんなの道徳」では、最初のページに詩が掲載されています（5年生は「自分が元気になるいちばんの方法は、だれかを元気づけてあげることだ。マークトウェイン」）。そこで、詩を読んで、どんなことを感じたか自由に発言させます。その後、道徳の時間で大事にしたいことを伝えます。

（2）話し合い

　教師の話だけでは一方的になってしまうので、『答えのない道徳の問題　どう解く？』（ポプラ社刊）を使って、実際に考えて話し合う時間を取ります。最初に子供に「嘘をついてもいい？」と尋ねます。すると、「嘘はついてはいけない」「でも、嘘をついたことはある」など多くの考えが出てくるでしょう。その後、「うそ、どう解く？ついていい嘘と、ついちゃいけない嘘ってどう違うんだろう？」（出典：『答えのない道徳の問題　どう解く？』ポプラ社刊）を紹介して、友達から好きではないプレゼントをもらって、「うれしい」と

言ったら友達が喜んでいたという話を読んで伝え、子供たちに自分の考えをワークシートや道徳ノートに書かせます。その後、全体で意見を交流する際には、オリエンテーションで話したことを意識させます。ついていい嘘とついてはいけない嘘の違いを考えさせると、子供たちからさまざまな意見が出てきます。

（3）振り返り

　最後に授業の感想（考えたこと・思ったこと・これからしていきたいこと）を書かせて、授業を終えます。本の巻末には、著名人の考えが載っているので、一つの考えとして紹介することもできます。授業において注意すべき点は「これが正解」とならないようにすることです。

　最初の授業で、子供に「楽しい」「面白い」と思えるような内容を用意することで、これからの道徳授業に意欲を持たせましょう。最後に、道徳の授業を考える際に参考にできる元東京都小学校道徳教育研究会会長である後藤忠先生の「よりよい自分づくりをめざして、自己を深く見つめる授業のための5か条」を紹介します。

第1条　自由な雰囲気のある学級づくりに努める
・一人一人の発言を大事に扱う
・一人一人がきちんと認められている学級の雰囲気がある
・必要な秩序の上に自由は成り立つ

第2条　子供が本来もつよさを引き出すという指導観に立つ
・ヒントの与えすぎ、手の打ちすぎは児童のよさをつぶす（価値の注入、押し付けは厳禁）
・児童が自分でよりよくなろうとする心の動きに対し、的確に援助する
・授業で一番大事なのは「きっかけ」を与えること
・期待する発言に出合ったときだけうなずく教師になるな

第3条　教えるのではなく心を耕す指導に努める
・気づかせ、自分を見つめさせる。知らなかった自分を発見させる
・できるできない、わかるわからないを問題にするのではなく、自分を深く考えることができれば、それが『心の耕し』になる

第4条　脱・即効性
・指導したことを即行動に結び付けようとする妄想にとらわれてはならない
・今までより少しだけ自分を深く見つめることができるようになる ⇒これが道徳性の高まり

第5条　教師もありのままの自分を語る開放性をもつ
・教師も人間として発展途上中。教えるという意識ではなく、子供とともに自分も高まっていこうという姿勢が大事。まず自ら子供に心を開け

　　　　　　　　　　　　　　　　ホームページ「後藤忠の心が育つ道徳科授業」から引用

---

5 学級目標を立てる
―「日本一」の学級にするために―

1. 学級目標って、誰がつくるの?

　一口に「学級目標」と言っても、人によって考え方はさまざまで、大きく次の二つに分類されます。

> ● 担任が理想とする学級の目標（担任が決める）
> ● 子供が理想とする学級の目標（子供が決める）

　前者は「学級経営目標」と捉えられ、こちらは年度当初、担任が学校教育目標や子供たちの様子、現状の課題などを踏まえ、3月までに「こんな風に成長させたい」という理想を描きながら考えます。「学級経営目標」については、幹となる大きな部分は年間を通して変わることがありませんが、枝葉となる具体的方策の部分は子供の様子や学級の実態に合わせ、年度途中であっても変えることがあります。

　一方、後者の「学級目標」は、子供たちがこれから1年間、共に過ごす仲間とどんな学級をつくっていきたいか、どんな学級だったら楽しく登校できるか、1年後にどんな学級になっていたいかを考え、作り上げていきます。「学級目標」は子供たちの願いが込められた共通の目標となり、今後1年間のあらゆる活動の根本となります。そのため、始業式の翌日に話し合って安直に決めるのでなく、事前の準備をしっかりと行い、全員が納得できるようなものを作り上げていく必要があります。

2. 学級目標を決めるための手順

　学級目標を決めるまでの大まかな流れは、以下の通りです。

(1)「学校教育目標」「学年目標」「学級経営目標」を示す

　まず子供たちに、これから作る学級目標の大切さを伝えます。続いて、担任である自分がどんなクラスにしたいのか（学級経営目標）、学校・学年の先生たちがどんな風に成長していってほしいと願っているのか（学校教育目標・学年目標）を伝えます。これらを子供たちに意識させた上で、どんな学級にしたいのかを全員で話し合う旨を伝えます。

（2）宿題で、紙に書かせてくる

　担任の話を聞き、高学年としてどんな学級にしたいのか、1年後どんなクラスになっていたいのかを宿題として出し、紙に書かせてきます。もし、保護者の協力を仰げるのであれば、保護者の願いも聞いてくるように言いましょう。

（3）学級で意見を出し合い、話し合う

　話し合いでは、いきなり個々人の考えを出し合っても、決めるのに時間がかかります。できれば、話し合いをする数日前に、学級の掲示板などに全員が（2）で書いてきた紙を張り出し、どんな意見が出ているのか、どんな意見が多いのかを子供たちが事前に確認できるようにしておきます。その上で話し合えば、自分の意見を主張するだけでなく、友達の意見の良いところなども認め合える話し合いができます。

　学級目標を立てる段階では、まだ学級もしっかり出来上がっていないでしょうし、計画委員もまだ決まっていない状態だと思います。そのため、話し合いの司会は担任が進めてもよいでしょう。また、内容も具体的で細かくしすぎずに大まかな目標を立て、今後学級の実態に応じて細かい枝葉の部分を考えていけるようなものがよいでしょう。

　いくつかの意見に絞ることができず、出てきたキーワードを無理やりくっつけて長い文章にして…というのは、得策ではありません。あまりに長い文章だと覚えられず、絵に描いた餅になってしまいます。そうならないために、ある程度似たワードや同じような意味のものは、担任が整理してあげるとよいでしょう。まとめる工夫について、島恒生氏が著書の中で次のように示しています。

---

① レベルでまとめる
　・すでに実現しているレベル
　・すぐに実現しそうなレベル
　・実現できたら素晴らしいレベル

② キーワードでまとめる
　・同じ言葉
　・似ている言葉・
　・合体できる言葉

---

③ 文字でまとめる
・共通する漢字
・共通する一文字

島恒生『子どもたちの信頼と自信を育てる 五年生いきいき学級経営』（小学館）より引用

こうして学級目標が決まったら、できた目標を並べ、その頭文字を取って「5年○組は○○○クラス」のようにして、子供たちがフレーズとして呼べるようなものにしてもよいでしょう（先に、頭文字を決めるという方法もあります）。

（4）決まったものを学級に掲示する

決定した学級目標は、必ず教室に掲示します。また、学級の子供たちが一生懸命考えて決めた目標は、学級通信や保護者会などで家庭にも伝えましょう。

3. 学級目標の掲示は、いつでもみんなが見える場所に

学級目標が決まったら、いつでも学級全員が確認できるように掲示しましょう。掲示物の作成方法はさまざまなものがありますので、以下にいくつか紹介します。

【一人一文字ずつ書いて、それを貼り合わせる形式】

①学級目標の文字を子供たちに一人一文字ずつ、紙に書かせます。
②それを切り抜いて模造紙の中央に貼り付けます。

【文字のまわりに手形を付ける形式】

①模造紙の中央に、学級目標を書きます。

②子供たちが一人一人、厚紙で手形を作って、そこに名前を書きます。

③手形を学級目標の周囲に貼り付けます。

【字を書いた模造紙に顔写真や似顔絵を貼る形式】

①模造紙の中央に、学級目標を書きます。

②その周囲に、子供たちの顔写真または似顔絵を貼り付けます。

　他にも素敵なアイデアが、学級から出るかもしれません。世界でたった一つの素晴らしい学級目標をつくっていきましょう。掲示物を作成する際には、学級の全児童が必ず何か一つの作業に関われるようにすることが大切です。そうすることで、自分たちの目標として、親しみも湧きます。

　掲示する場所は教室の状況にもよりますが、黒板上の学校目標や学年目標の近く、教室の側面の窓の上やドアの上など見やすい場所に張り、みんなで意識できるようにしておくとよいでしょう。そうすることで、今後1年間、学級で何かを決めるときや、クラス全体に大切なことを指導するときなど、あらゆる場面で学級目標を活用することができます。

　また、学級目標が完成したら、それをもとに学級のキャラクターや旗、歌、掛け声などを子供たちと共に作るのもお勧めです。1年間、いろんな行事で子供たちを団結させる際などに、使うことができます。

6 係・当番活動
―具体的な活動例の紹介―

1. 係・当番活動の基本的な考え方

　係・当番活動は、学級経営を円滑に進める上で、欠かせないものの一つです。係・当番活動がしっかりと機能しているクラスは、子供たち一人一人が「存在感」「所属感」「必要感」を感じることができ、学校生活をより楽しく過ごすことができます。そして、担任自身も楽しく、良い意味で楽もできます。

　どのクラスにも何かしらの「係」と「当番」が存在していると思いますが、意外とこの二つの区別がついておらず、混在している学級は少なくありません。二つの違いは何なのか、あらためて確認してみましょう。

当番活動とは…
● ないと困るもの ● 皆が平等にやらなければいけないもの ● 工夫がしにくいもの

（例）
・給食当番
・掃除当番
・黒板の文字を消す

係活動とは…
● なくても困らないが、あると楽しく、クラスが潤うもの ● クラスのためになること、自分の好きなこと ● さまざまな工夫ができるもの

（例）
・新聞
・レク
・クイズ

参考文献：小川拓『効果2倍の学級づくり』（学事出版）

　子供たちと係・当番活動の話を進めていくと、とにかく前年度のイメージを引きずっていることが少なくありません。場合によっては、当番・係活動が混在していることもあるとは思いますが、「それは間違っている」などと前年度の担任を否定するようなことやめておきましょう。

　子供たちの中には、新しいクラス、新しい担任に不安を感じている子もいます。中には、前の担任が大好きで、新しい担任にどこかよそよそしい子もいることでしょう。その意味でも、新級したばかり4月は、新しい学級生活に「期待」を持たせたいもので、係・当番活動も子供たちがワクワクするようなものにしていきたいものです。

2. 係・当番活動の案を出させる

　まず、先述した当番と係の違いを子供たちに丁寧に説明します。その上で、子供たちに「どんな当番・係をつくる？」といった形で、案を出させます。説明はしても当番と係の区別がついていない子もいるので、黒板に書き出しながら、さりげなく視覚的に分けていきます。中には、突拍子もない当番や係を挙げる子が出てくるかもしれませんが、そのような場合も笑顔で「そういう仕事もやっていたのですね。このクラスでも、その係活動をする人がいたら楽しみです」と受け止めるようにしましょう。

3. 具体的な係活動

　前述したように、子供たちは前年度の当番・係活動のイメージを引きずっており、それ以外の案が出てこないような場合もあります。一通り、係の案が出つくしたら、担任から案を出してもよいでしょう。

　係活動を「会社活動」として、次のような形でやってみるのも手です。

> ① 会社の案を出す。
> ② 仮入社期間を設ける。（中学校の仮入部のようなイメージで、気になる会社の活動をお試しでやってみる期間です。かけもちも可とし、2週間くらいを目安に実施します。）
> ③ 正式に会社を設立する。

　「会社」と言うと、中には「じゃあ、給料くれるの？」と言い出す子供もいるかもしれません。そんなときは、係活動の意味を確認するチャンスです。

> 　確かに、働いたらお金がほしいですね。けれども、最初に確認した通り、会社活動はなくたって学校生活はできるものですよね。充実した会社活動をすることができれば、クラスがより楽しくなりますし、クラスのみんなだけでなく、自分たちもやりがいを感じられると思いますよ。そのやりがいや楽しさをぜひ感じてほしいと思います。このクラスをより楽しくするには、みんなの力が必要です。みんななら、できると信じています。困ったときは相談に乗ります。楽しみしていますね。

こんな風に伝えれば、「会社活動をがんばろう！」とやる気になってくれる子がいるはずです。ちなみに、活動実績のない会社は「倒産」します。この点は、次の項目で詳しく説明します。

■「会社」（係）の例
　・新聞会社（他の会社とのコラボレーションもしやすい）
　・レク会社（クラスでのレクリエーション企画・運営）
　・インテリア会社（クラスの雰囲気を明るくする掲示物等の作成）
　・クイズ会社（クイズの掲示）
　・生きもの会社（生き物の飼育）
　・お誕生日会社（誕生日の友達にバースデーカードを作成）

　会社活動は、基本的に子供たち自身がやりたいものを選ぶようにします。中には、仲良し同士で入る子もいますが、本当にやりたいものでないと長続きしません。その点は、しっかりと子供たちに伝えるようにします。

　それでも、仲良し同士で離れられない場合もありますが、1学期はそれで様子を見ます。慣れないクラスでは、その方が活動しやすい場合もあるからです。2学期になって会社活動の意味や楽しさが分かってくると、あっさり「退社」することもあります。会社活動は、子供が自発的に行うものなので、しっかりと見守ることで児童理解が深まったり、褒める材料が見つかったりします。

　下の2枚の写真は、「ガールズランチ会社」のおかわりお知らせポスターです。給食の配膳が終わった後、黒板に貼り、残っているおかずを知らせています。裏返すと「完食しました」になります。

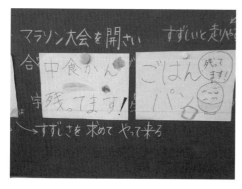

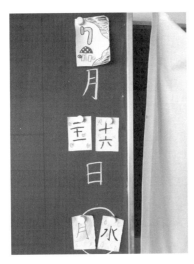

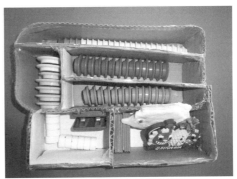

次の写真は「インテリア会社」が作ったものです。紙で作った日付カード（左）と図工で余った段ボールを使って製作したマグネットケース（下）です。

4. 具体的な当番活動

　一方、当番活動はクラスにとって、なくてはならないものです。例えば、「給食」「掃除」「授業後に黒板の字を消す」「健康観察簿を保健室に届ける」「授業の号令」などは、それを行う人がいないと学校生活が成り立ちません。

（1）給食当番

　給食当番は、クラスの人数に合わせて、最低限の人数で分担するようにします。暇な人をつくらないためです。

　例えば、27人の学級であれば、5人ずつのグループで設定します。最後のグループは2人となりますが、ここに最初のグループから3人をあてがうと、当番表も毎週3人ずつずれて混乱が生じます。

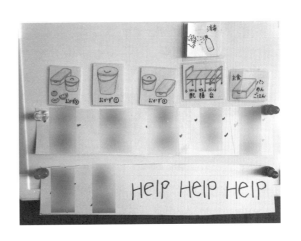

　そこで、最後のグループの3人分の不足は、クラス内で手伝ってくれる人を募ります。必ず誰かが名乗り出てくれるので、褒めてあげましょう。

（2）掃除当番

　学級によっては、子供同士で話し合わせて役割分担を決めても構いませんが、多くの場合、「ほうき系」を希望する子供が多く、冬場の「ぞうきん係」は誰もやりたがりません。そのため、掃除当番は平等を期して、交代制にするのがよいでしょう。具体的に、例えば27人の学級であれば、3人組を9グループ作り、「ぞうきん係→ほうき係→ぞうきん係」という

形で、週ごとにローテーションしま
す。

（3）黒板の字を消す

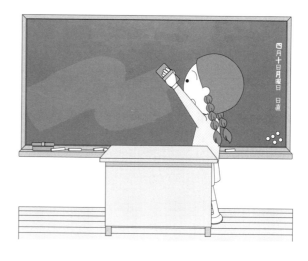

　黒板の字を消す係は、日直がやっ
ているような場合もあります。日直
は、その他にも「電気をつける」
「窓の開け閉めをする」「号令をか
ける」など多くの仕事があります。
これらを全部できたら交代、できな
かったら翌日もう一度、といったや
り方もありますが、あまりお勧めはできません。日直は約30日に1回しか回ってこないた
め、仕事内容を忘れてしまう子供も多いからです。
　学級での生活をスムーズに過ごすために、日直の仕事は減らし、以下のような当番を作っ
て担当させ、学期を通して責任を持って担わせるとよいでしょう。

■ 当番活動の例

電気をつける	電気を消す	窓を開ける・閉める
朝の会を進める	朝の歌のCDを流す	健康観察簿を戻す
出席黒板に記入する	授業の始まりの号令	終わりの号令
黒板の字を消す	手紙を持ってくる	1日の予定の記入
終わった予定を消す	担任の給食を配膳する	いただきますの号令
ごちそうさまの号令	帰りの会を進める	提出物チェック
日付を変える		

　例えば「黒板の字を消す」当番は「2人」と設定したり、「手紙を持ってくる」当番は、
朝休み・業間休み・昼休みと分けて「3人」と設定したりします。

5.　留意点

　当番・係活動は、「自分が活動しなければ、誰かが困る。クラスに迷惑がかかる」という
状況になるよう、最低限の人数で組むことを基本とします。例えば、2人で担当する当番の
場合、どちらか1人が一生懸命がんばれば、片方はサボれてしまいます。そうした事態に陥
らないよう、子供たちとの間で「人に迷惑をかけたとき」「一生懸命がんばっていないとき」
は厳しく指導するという約束事を交わし、日々声掛けをしていく必要があります。
　会社活動は、どの会社も月ごとの活動計画を記した企画書を作成し、担任に提出します。

いつ、誰が、どんな活動を行うのか、具体的に決めます。活動日や締め切りをしっかりと設定することで、準備や分担が明らかになります。また、「良かったところ」「改善すべきところ」の振り返りもしやすくなります。なお、活動が軌道に乗るまで、ある程度の時間がかかるので、その点を考慮して計画させるようにしましょう。

活動が軌道に乗れば、学級全体で取り上げるのは、月初めの1回だけで大丈夫です。子供たちだけで能動的に活動するようになります。学級活動の時間で会社活動の時間を取るときは、最後の10分間を使って各会社に活動報告をさせます。これまでどんな活動をしてきて、今後どんな活動をするのかをクラス全員の前で報告させるのです。そうすることで、「おしゃべりしていだけ」という会社が出ることを防げますし、活発な会社は他の会社の良いモデルとなってくれます。あとは、活動した結果が視覚的に残るよう、企画書にシールを貼っていきます。

会社活動の企画書

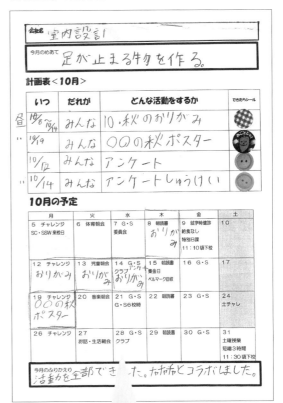

5年生になると委員会によっては当番があるので、月の予定がカレンダーのようになっている方がよいでしょう。学年だよりの一部をコピー＆ペーストすれば、すぐに作れます。

教室に掲示された企画書。取り外しができるようにツインクリップで掲示。

7 学級会
―必要な準備と具体的な進め方―

1. 学級会の基本的な考え方

(1) 学級会とは

　学級会は、学習指導要領上、特別活動の学級活動に位置付けられます。学級や学校の生活を楽しく充実したものにするため、子供が自ら課題を見つけ、話し合い、全員で協力して実践する自発的・自治的な活動です。

　「話し合い活動」の活動過程は、「事前の活動」「本時の活動」「事後の活動」で構成されます。学級会では、「集団討議による合意形成」をします。

表1　学級活動（1）学級や学校における生活づくりへの参画　学習過程
（「学習指導要領解説 特別活動編」より引用）

事前の活動	問題の発見	教師の適切な指導の下に、児童が諸問題を発見し、提案をする。
	↓ 学級としての共同の問題の選定	協力して達成したり、解決したりする、学級として取り組むべき共同の問題を決めて、問題意識を共有する。
	↓ 議題の決定	目標を達成したり、問題を解決したりするために、全員で話し合うべき「議題」を決める。
	↓ 活動計画の作成	話し合うこと、決まっていることなど、話合い活動（学級会）の活動計画を作成する（教師は指導計画）。
	↓ 問題意識を高める	話し合うことについて考えたり、情報を収集したりして、自分の考えをまとめるなど問題意識を高める。
本時の活動		【集団討議による合意形成】
	提案理由の理解	提案理由に書かれた議題の解決に向けて話し合うため、内容を理解しておく。
	↓ 解決方法の話合い	一人一人が多様な考えを発表し、意見の違いや共通点をはっきりさせながら話し合う。
	↓ 合意形成	少数の意見も大切にしながら、学級全体の合意形成を図る
事後の活動	決めたことの実践	合意形成したことをもとに、役割を分担し、全員で協力して、目標の実現を目指す。
	↓ 振り返り	活動の成果や過程について振り返り、評価をする。
	次の課題解決へ	

特別活動では、「成すことによって学ぶ」ことが大切です。失敗を恐れず、自分たちでより良い学級、より良い学校をつくるために話し合い、実践していくことを経験させましょう。

（2）年度当初に準備しておくこと

スムーズに学級会を進められるように必要な組織をつくり、グッズを用意しておきましょう。

- 計画委員（輪番制にして全員が経験できるようにします）
- 学級会グッズ（賛成・反対マーク、「議題」「決まっていること」などの表示短冊、司会や黒板・ノート記録のネームプレートやペンダント、話し合いの流れの表示（出し合う、比べ合う、まとめる）、時間の目安（時計か言葉「あと〇分です」）
- 短冊（A3やB4の印刷用紙を切ってラミネートすると簡単にできます）
- 提案カード　・議題ポスト　・学級会ノート
- 計画委員活動計画　・学級活動コーナー

〈学級会コーナー〉

次の学級会までの見通しを掲示し、学級会への参加意欲を高めるようにします。そのために次のような内容を掲示します。中学年では、議題や提案理由、めあてなど計画委員の子供が書くようにします。

- 次の学級会のこと（議題、提案理由、話し合いのめあて、話し合うこと、決まっていること、当日までの流れ、プログラム）
- 議題ポスト　・議題例　　・提案カード　　・提案された議題
- 1週間の活動の流れ　・計画委員活動の流れ

①次の学級会までの見通しを持てるように

学級会に向けた活動の流れや次の学級会の議題、提案理由、めあて、話し合うことを掲示しておきます。計画委員の学級会までの予定も掲示しておくことで、活動の見通しを持つことができます。

学級会コーナーの設置は、背面黒板を活用したり、段ボールパネル、コルクボード、ホワイトボードを活用したりする方法もあります。磁石つきの短冊や模造紙などを活用して掲示している物を学級会にそのまま使えるようにすると便利です。

②学級会への参加意欲を高めるように

議題等を事前に掲示しておくことで、自分の考えを持ち、学級会までに整理しておくことができます。

議題ポストを学級会コーナーに設置することで、いつでも提案できるようにします。ポストのそばに議題例を掲示して、どんなことが議題になるのか参考にできるようにします。また、提案された議題を視点別（みんなでしたいこと、みんなで作りたいこと、みんなで解決

したいことなど）に掲示することで、新たな課題の発見につながります。

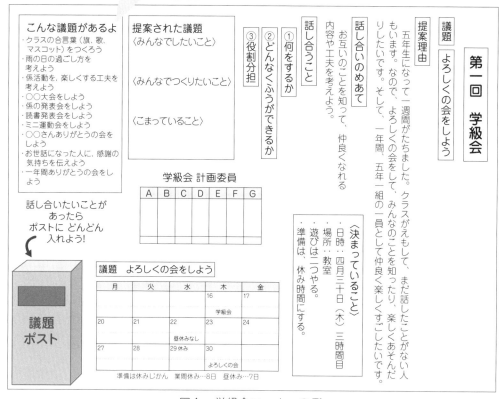

高学年の議題例

第一回 学級会

議題　よろしくの会をしよう

提案理由
五年生になって一週間がたちました。クラスがえもして、まだ話したことがない人もいます。なので、よろしくの会をして、みんなのことを知ったり、楽しくあそんだりしたいです。そして、一年間、五年一組の一員として仲良く楽しくすごしたいです。

話し合いのめあて
お互いのことを知って、仲良くなれる内容や工夫を考えよう。

話し合うこと
① 何をするか
② どんなふうができるか
③ 役割分担

〈決まっていること〉
・日時…四月三十日（木）三時間目
・場所…教室
・遊びは二つやる。
・準備は、休み時間にする。

提案された議題
〈みんなでしたいこと〉

〈みんなでつくりたいこと〉

〈こまっていること〉

こんな議題があるよ
・クラスの合言葉（旗、歌、マスコット）をつくろう
・雨の日の過ごし方を考えよう
・係活動を、楽しくする工夫を考えよう
・〇〇大会をしよう
・係の発表会をしよう
・読書発表会をしよう
・ミニ運動会をしよう
・〇〇さんありがとうの会をしよう
・お世話になった人に、感謝の気持ちを伝えよう
・一年間ありがとうの会をしよう

話し合いたいことが
あったら
ポストに どんどん
入れよう!

議題ポスト

学級会 計画委員

A	B	C	D	E	F	G

議題　よろしくの会をしよう

月	火	水	木	金
			16 学級会	17
20	21	22 昼休みなし	23	24
27	28	29休み	30 よろしくの会	

準備は休みじかん　業間休み…8日　昼休み…7日

図1　学級会コーナーの例

表2　計画委員会の進め方

協力して進めよう!

準備ができたら、自分たちで〇を付けていきましょう。

計画委員会の進め方　学級活動の流れ

計画委員	確認
1.議題を出してもらう	
2.議題を整理する	
3.議題を決める	帰りの会
4.議題を知らせる	学級会コーナー
5.学級会の準備をする	休み時間
①話し合うことを決める	
②学級会の役割分担を決める	
③学級会ノートを準備する	みんなに配る
④学級会の計画を立てる	
⑤話し合いを深める工夫をする	
例・アンケート結果をまとめる	
・原案を作成する・ビデオ	
・写真資料を提示する	
⑥黒板掲示のカードを書く	
⑦進め方を練習する	
6.学級会を開く	学級活動
7.決まったことを掲示する	
8.実践への準備を掲示する	休み時間など
①必要なことを書き出す	
②役割分担をする	
・必要なときは学級のみんなに協力してもらう	
③決まったことを知らせる	帰りの会・学級会コーナー
④必要なものを準備する	
9.実践をする	
10.計画委員の活動をふり返る	学級活動

2. 学級会の進め方

　年度当初にオリエンテーションを行い、全員で学級会の進め方や司会グループである計画委員の役割の確認をします。計画委員は輪番制にし、全員が経験できるようにしましょう。経験を積むことで教師の声掛けは減っていきます。指導しなければいけないことはきちんと指導します。

【オリエンテーションの内容】
- 学級会を行う意義の説明
- 計画委員の役割の説明
  - ・司会進行の仕方や黒板への記録の仕方
  - ・計画委員活動計画の作成の仕方
- 学級会の進め方（事前・本時・事後の活動）の説明
  - ・予想される議題や選定の仕方（提案カードや議題箱の活用）
  - ・「出し合う」「くらべ合う」「まとめる（決める）」の話し合いの流れ
  - ・学級活動コーナーの活用
- 集団決定の仕方の確認
  - ・折り合いをつけて集団決定する方法　※安易な多数決は避けます。
- 学級生活の向上への見通しを持つ（みんなで取り組みたいことを考える）場の設定

---

3. 授業開き（オリエンテーション）の留意点

　学級会の授業開きにおける留意点として、次のようなことが挙げられます。

- 自分たちの力でより良い学級を作っていくために、みんなでやりたいことをみんなで話し合って決める活動であること、相手の意見をきちんと聞き、「自分もよくて、みんなもよい」決定ができるように話し合う活動であることを確認する。
- 資料を活用して、学級会までの流れを説明する。
- 模擬学級会の中で、話型、合意形成の仕方、学級会グッズの活用の仕方を確認する。
- 「みんなでやりたいこと」「みんなで作りたいこと」「みんなで解決したいこと」など議題例をもとに、学級をより良くするためにさまざまな観点からの議題を出し合えるようにする。
- これから、学級活動を通して、みんなで協力してより良い学級をつくっていこうと意欲づけを図る。

8 給食指導
―給食の時間は、食育という学習の場―

　5年生になり、食欲が旺盛になる時期の子供たちにとって、給食は1日のうちで最も楽しみな時間と言えるでしょう。その給食の時間に、食事中のマナーを身に付けたり、コミュニケーションを取りながら楽しく食事をしたり、清潔に環境を整えたりすることを通して、望ましい食生活を送れる子供の育成を目指します。

1. 給食指導に当たる教師の心得

(1) 給食は「食育の場」

　近年は家庭環境が多様化し、こ食（孤食、個食など）、食事のマナー、栄養バランスなど、子供を取り巻く食の環境が課題になっています。学校だけで解決できる問題ではありませんが、毎日約40分、年間約200日ある時間を効果的に活用し、食育の充実を図りたいものです。

(2) 安全に最大限の配慮をする

　食の安全は絶対条件であり、食物アレルギーによる学校事故はあってはなりません。重篤なアレルギー症状を持つ子供は「学校生活管理指導表」を提出しており、軽い症状の子供も書面にて連絡しているはずです。管理職や養護教諭、栄養教諭と連携して、事故が起こらないように最善策を講じていきましょう。

2. 食事の前に行う指導

(1) 給食当番への責任感や自主性を養う

　午前の授業が終わるチャイムが鳴った途端、子供たちは解放感から自由な行動を取りがちです。この時点から、給食指導は始まっています。

- 石けんを使った手洗いや手指消毒を済ませる。
- エプロンや給食着などの身支度を整える。
- ランチョンマットや箸、歯ブラシなどを用意する。
- 用意を終えたら、静かに待つ。

高学年としては、ここまでの作業を5分程度でてきぱきとさせたいものです。タイマーを使うと残り時間が目に見えるので、時間を意識させる上で効果的です。

また、給食当番には、仕事への責任感や自主性、衛生意識を持たせる必要があります。配膳台を用意したり、給食の乗ったワゴンを運んで配膳の準備をしたり、給食当番にはやるべきことがたくさんあります。10分足らずの時間しかなく、授業が延びたり、教室移動があったりするとさらに短くなります。てきぱきと行動する子、友達の仕事を手伝う子、休んだ友達の仕事を引き受ける子、声を掛け合って仕事を進め

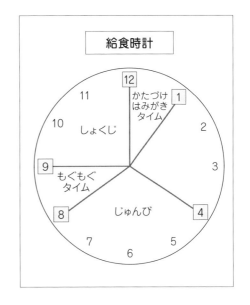

る子など、手本となる言動をする子供もいると思います。その際は、その場でそうした行動を褒め、帰りの会で活躍を称賛することで、さらに責任感や自主性が高まっていきます。

（2）適切な量を盛り付ける

　配膳を時間内に終えるためにも、一人分の量を適切に盛り付けることが大切です。配膳の時に使うおたまは、すりきり一杯が一人分になっていることが多いので、そのことを当番に伝えるとともに、前半に多く盛り付けすぎて足りなくなる事態を避けるためにも、配分を考えて行うように指導します。それでも足りなくなった際、自分の分を提供してくれた子供には、クラス全員が「ありがとう！」と言える学級にしていきましょう。

（3）片付けに向けた準備

　準備の仕上げとして、ワゴンや配膳台の整理を行うのも当番の仕事です。配膳時にこぼしたご飯粒を取ったり、食器かごを出してスムーズに片付けができるようにしたりしておきます。先を見越して行動する習慣も、高学年として身に付けさせたいものです。

　当番の衣装をエプロンにするのも意欲喚起に効果的です。家庭科の学習で自分が作ったエプロンを使うだけで、それまでとは違った特別感が味わえ、丁寧に仕事を行おうという気持ちが湧いてきます。家庭科の授業も、使う場面が明確になると、製作に向けた意欲が向上します。

3. 食事の際に行う指導

　5年生になると、低学年から学んできた食事のマナーを順守している子もいれば、家庭の望ましくない生活態度が表れている子もいます。家での様子やこれまでの指導も尊重しつつ、高学年になった節目の時期を良い機会として、食事のマナーや作法について指導していきましょう。最近は、器を持たずに、顔を近づけて食べる子供も少なくありません。日本の食事の作法としては、片方の手で茶碗を持ち、もう片方の手に箸を持って食べるのが良いとされていますので、日本文化と関連付けて理解を深めさせましょう。

【身に付けさせたい食事のマナー】

- ●正しい姿勢で食べる。
- ●食事中に立ち歩いたり、ふざけたりしない。
- ●食器や食べ物で遊ばない。
- ●顔を近づけずに、食器を持って食べる。
- ●ガチャガチャと食器の音を立てない。
- ●食べるときは口を閉じて音を立てない。
- ●口に食べ物を入れたまま話さない。

　食事のマナーを守ることと同時に、食事の時間を楽しむことも食育の大切な視点の一つです。班の友達に聞こえる程度の声の大きさ、下品な話題を避けて楽しく会話ができる話題、時間内に食べ終わる速さなどに気を付けさせて、コミュニケーションを取りながら、楽しく食事ができるようにしましょう。

　感染症が流行している時期には、全員が同一方向を向いた「前向き給食」を行い、感染の予防に努めることも大切です。その場合は、「いただきます」の号令後にマスクを外し、「ごちそうさまでした」の号令前にマスクを着けさせます。食後に歯みがき指導を行っている場合、うがいをするため移動する間も、マスクを着用した方がよいでしょう。

4. 食後に行う指導

　食後に片付けを行うのは給食当番の役割だと子供たちは思っています。でも、それは「最終的」な役割であり、正しくは「クラスの全員」で行うものだと説明します。例えば、一人一人がお盆にこぼれたスープや牛乳を拭いてから片付けることで、思わぬ衣服の汚れを防げます。きれいに食器を重ねて片付けることで、当番が直す手間が減ります。そうした助け合いの精神を一人一人に持たせることで当番の負担が軽くなり、互いに助け合う温かい雰囲気が生まれます。

　食物アレルギーの一つに、「食物依存性運動誘発アレルギー」があります。小麦やエビなど特定の食べ物を食べた後、数時間以内に運動をすると症状が現れます。この症状は食べるだけでは起こらず、特定の食べ物を食べた後に運動をすることで起こるのが特徴です。そのことも踏まえ、食後すぐの激しい遊びや運動は控えるよう指導しましょう。

5. 給食当番の進め方

　当番の仕事は、クラスの全員が平等にやらなければいけないものです。また、食事を均等に盛り付けることも、練習が必要です。給食当番は輪番にして、公平に仕事を行わせながら、スキルの定着を図りましょう。

　右の表では、クラス運営に必要な当番と掃除・給食当番を一つにまとめています。出席番号順で年間を通して順番に行うことで、いろいろな仕事を行えるようにしています。配置を工夫し、3マスずつずらすようにすることで、連続して同じ仕事が回らないようにしています。2週間で交代すると約半年で1巡します。

　高学年といえども、全員が仕事に慣れているわけではありません。当番が代わった際には、安全にスムーズにできているか見届けて、支援することも必要です。

5 年 ●組　当番表					
手　紙	ほうき㊙ゴミ	相田	ワゴン	ほうき㊙ゴミ	徳田
健康観察	ほうき㊙ゴミ	飯村	ワゴン	ほうき㊙ゴミ	中山
電気・窓	ブルー2~3ほうき	内山	ワゴン	ブルー2~3ぞうきん	布村
宿題チェック	ブルー3~4ほうき	遠藤	給食チェック	ブルー3~4ぞうきん	根本
宿題チェック	1階ろうかほうき	大川	給食チェック	1階ろうかぞうきん	野田
宿題チェック	1階ろうかぞうきん	柿原	配膳台	1階ろうかぞうきん	半田
宿題チェック	ぞうきん㊙	木田	配膳台	ぞうきん㊙	氷川
黒板①	ぞうきん㊙	国吉	主　食	ぞうきん㊙	福山
黒板②	ぞうきん㊙	児島	副　菜	ぞうきん㊙	細川
黒板③	1階流しげた箱	佐藤	副　菜	1階流しげた箱	町村
黒板⑤	トイレ男子	下村	汁　物	トイレ男子	水本
黒板⑥	トイレ女子	鈴木	牛　乳	トイレ女子	森村
音・家・書	黒板	瀬田	配　り	黒板	矢野
日づけ日直	体育館	田川	配　り	体育館	山田
配　り	体育館	近本	配　り	体育館	吉見
配　り	ろうかほうき	常山	配　り	ろうかぞうきん	和田
配　り	ろうかぞうきん	寺田			

9 清掃指導
―とにもかくにも「初日」が大事―

1. 清掃の取り組み方がクラスのレベルを表す

　清掃の時間に自分の役割をしっかり果たしている、黙々と隅々まで掃除している、早く終わったら自分で仕事を探したり終わっていない箇所のフォローをしたりしている…というのが理想の姿です。5年生の清掃は、自分たちの教室以外を任されることも多く、担任の目が届きにくくもなります。そんな時間こそ、クラスのレベル、子供たちの本心が行動に表れてくるものです。清掃をきちんとできるクラスは、子供たちも育っており、クラスのレベルも高まっていることを感じます。

2. 初日の清掃指導の進め方

　そんな清掃指導ですが、意外にも誰かから教えてもらうことも少なく、担任によって大きな違いがあります。5年生にもなると、教師の見ているところではしっかり取り組んで、いなくなればおしゃべりをして時間まで過ごす…なんて裏表のある行動も出始めてきます。そうした行動に気付き、指導するのは時間的にも精神的にもつらいものがあります。だからこそ、清掃指導は学期のごとの「初日」の指導が大切です。

　4月、掃除の開始日は2日目か3日目くらいでしょうか。その日の4時間目あたりで、掃除の前に行っておきたい指導があります。新しい学年になったばかりで指導もしやすい状況で、「なぜ掃除をするのか」という目的について、子供たちに考えさせるのです。

　外国では、学校の掃除は業者が行っていることを知っている子もいます。では、なぜ私たちは自分たちで掃除を行うのでしょうか。そして、そのことでどんな力が自分たちに付くのでしょうか。そうしたことを話し合い、イメージマップのように書いていきます。

　まずは、一人で考えた後、クラスで考えをシェアしていきます。このとき、模造紙を2分の1サイズに切ったものに、子供たちの考えをまとめていきます。1枚分でも構いませんが、2分の1に切ることで、教室に掲示しやすくなります。完成したら、清掃活動の共通認

識として、掃除ロッカーの近くに掲示します。清掃の目的や自分たちに身に付く力を確認したら、クラスとしてのめあてや合言葉を決めてもよいでしょう。このような指導を清掃が始まる前に行うことで、中だるみしたときや真剣に清掃活動ができていないときに、ぶれることなく指導することができます。

子供たちから出る考えは、目的なら「気持ち良く生活するため」「協力するため」などが定番だと思います。子供がそうした考えを出してきたときは、理由も一緒に聞くとよいでしょう。例えば、「忍耐力」と言った子供に理由を聞くと「自分は掃除が好きじゃない。汚いものを触らなくてはいけないときもある。それに冬の水拭き雑巾は冷たくてつらい。でも、それを人に任せないでやらなきゃいけないときもあるから、忍耐力もつくと思う」などの答えが返ってきます。理由をしっかり聞くということは、清掃指導に限らず大事です。

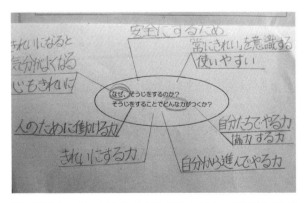

「なぜそうじをするのか？」「そうじをすることでどんな力が付くのか」についてのイメージマップ（1学期：模造紙）。

45分の間に、掃除場所や掃除の仕方、役割分担、交代の時期についても確認します。5年生になると、特別教室など学校でみんなが使用する場所や自分の教室から離れた場所も任されます。それは、なぜなのかもこの45分の中で確認しておきたいポイントです。まずは子供たち自身に考えさせ、最終的に「高学年として信頼されているから」「クラスのためだけでなく、学校のために働くため」などにまとめられるとよいでしょう。

こうした指導を学期ごとに繰り返します。2・3学期は、模造紙ではなくプリントで行うため、45分はかかりません。考えを書いたプリントは、日記に貼るようにします。

「なぜそうじをするのか？」「そうじをすることでどんな力が付くのか」についてのイメージマップ（2・3学期：プリント）。

3. 掃除当番

　係・当番活動のページでも述べましたが、基本的に掃除当番はクラスの人数に合わせて、1人1役にします。高学年にもなれば、大まかに決めて子供たち同士で決めさせることも大切ですが、掃除当番に関してはこのやり方がしっくりくるので、柔軟に対応しましょう。

　係活動で「掃除会社」があれば、普段の掃除とは別に、放課後の教室に落ちているごみを拾ったり、机を整頓したりといった活動をしてくれることになります。掃除の当番表や給食の当番表も全て担任が作っていたものを「掃除会社」や「給食会社」の子供たちに任せることで、担任の負担が減るだけでなく、子供のことを褒める機会も増えます。

　掃除当番表は、右の写真のように、クラスの人数分の枠で構成します。掃除が始まってからの様子や子供たちの意見も聞いて、途中で変更することもあるので、最初はお試しの鉛筆書きとし、「今年はこれでやってみよう！」と決まったらペンで書いたり、パソコンで作ったりします。また、できるだけ雑巾類→ほうき類→雑巾類…となるようにします。子供の名前の部分は、枠に合うように100円ショップなどのマグネットを切って使用します。この名前書きは子供にお願いします。出来上がった当番表は、「掃除会社」の子供たちが同じ掃除場所ごとに色分けしたり、デコレートしたりすることもあります。

このサイズの磁石をクラス人数分貼る。

　当番を変えるタイミングは、「1週間」もしくは「2週間」、あるいは子供たちの様子を見て柔軟に変えてもよいでしょう。現在の学級の人数によって、例えば3人ずつ変わるようにすれば、ほぼ毎回掃除場所が変わります。初めのうちは、週前半の新しい掃除場所のやり方が分からず、担任が伝えたり、前の担当の友達から教わったりと、なかなかスムーズにいかないこともあります。でも、日がたつにつれて少しずつ慣れていきます。

　掃除用具は、取り合いにならないよう、また置き場所が分かるように次ページの写真のようにラベリングします。これも「掃除会社」の子供にやってもらうとよいでしょう。自分が

どの道具を使えばよいか、どこに片付けたらよい
かが一目瞭然なので、トラブルも減ります。いつ
も整頓されたロッカーは、教師が褒めるポイント
にもなります。

4. 掃除を終えるタイミング

　最後に担任が各場所を回って、合格をもらえ
た掃除場所から終えられるというルールにしま
す。1発合格できなければ、順番が最後になるの
で、昼休みの時間が短くなってしまいます。その
ため、子供たちは1発で合格がもらえるように、
隅々までがんばります。

　こうして各場所の確認が終わったら、教室に戻

ラベリングされた掃除道具

ります。教室掃除が終わっていなければ、机運び
等のフォローをし、チャイムが鳴り終わるまでは「自席で・1人で・静かにできること」を
して待つように指示します。

4月中旬〜1学期末の
学級経営

　1学期は、授業参観や保護者懇談会などを通じて、保護者と信頼関係を築くことも大切です。この PARTでは、家庭との連携を中心に4月中旬〜1学期末の学級経営について解説していきます。

1 授業参観
―子供が活躍する1時間に―

1. 授業参観は、教師も子供もドキドキ

　始業式と黄金の3日間で子供たちの顔を覚え、ほっとするのも束の間、4～5月の早い段階で行われるのが授業参観です。

　若い教師にとっては、ひょっとしたら始業式での子供たちとの顔合わせよりも緊張する時間かも知れません。それもそのはず、中には自分の子供だけなく、目を皿のようにして担任を見ている保護者もいるからです。

　ただ、忘れてはいけないのは、どんな状況であれ、授業の主役は子供であり、子供にとって楽しく分かりやすい授業をすることが大事だということです。その軸がブレてしまうと、教師のパフォーマンスだらけの授業になってしまったり、逆に担任の存在を全く感じられなかったりと、つまらない授業になってしまいます。

　保護者の一番の関心は、やはり我が子です。新しい学年になり、我が子が生き生きと授業を受けているか、新しい学級の友達と仲良くできているかを自分の目で確認しに来ています。そのため、そうした姿が見えるような授業展開を考えるとよいでしょう。

2. 授業は、子供が活躍できるものに

　具体的に、子供が発表する場面を多くしたり、話し合いの時間を長めに取ったり、近くの友達との共同作業を取り入れたりして、学級の子供全員が活躍できるような授業展開を心掛けましょう。また、この日は子供たちも担任同様「親に恥ずかしいところを見せたくない」という思いでいます。そのために、子供たちが挙手するときのルールとして、

> ●自信があれば五本指を全部広げてパー
> ●ちょっと不安なときは二本指のチョキ
> ●全く自信がない・絶対に指されたくないときはグー

といったものを保護者には内緒で、事前に決めておいてもよいでしょう。子供たちは「内緒の約束」が大好きです。

　また、日頃の学級経営から「教室は間違えるところ」という雰囲気をつくっておくことも大切です。間違えた人を冷やかしたり笑ったりしない学級であれば、間違えることを恐れず

に、堂々と自分の意見を発言できる学級になります。また、担任自身も、間違えることが怖くなくなります。

3. 子供の名前の呼び方には、普段から気を配ろう

普段、自分の学級の子供たちをどのように呼んでいますでしょうか。男子は「○○くん」で、女子は「△△さん」でしょうか。それとも「男女ともに□□さん」でしょうか。あるいは、あだ名や呼び捨てという人もいるでしょうか。

普段は、あだ名や呼び捨てで呼んでいるのに、授業参観の時間だけ「さん」づけで呼ぶ教師もたまにいます。ただ、そんなその場しのぎのことをすれば、子供はその不自然さに気付いて、家で笑い話のネタにされるのがオチです。

今のご時世、どんなにクラスの子供と距離が近くなっても、親の前で呼べないような呼び方はしないことが大事です。学校では、担任が子供たちの親代わりとなります。授業参観だけでなく、日頃から愛情を持って接していく必要があるのです。

授業参観は子供にとっても、担任にとっても特別な日ではありますが、普段の「ありのまま」の学級の姿を見せた方が、子供たちも不自然に思いません。だからこそ、日頃から信頼関係の構築、温かい雰囲気づくりなどが大切なのです。

4. 実際の授業参観の流れ

(1) 社会「5円玉には、何が書いてあるかな?」

5年生の社会では、「日本の産業」について学習をします。実は、5円玉の図はその4大産業がモチーフとなっています。普段何気なく使っている5円玉の図をあらためてよく見ることで、これから学習する5年生の社会の意欲づけをしましょう。

【用意するもの】
・5円玉の表裏の拡大写真　　・◎が二つ書いてあるワークシート

T このクラスの中で5円玉を見たことがある人！

C （ほぼ全員が挙手する）

T では、今度は5円玉を買い物で使ったことがある人！

C （これもほぼ全員が挙手する）

T ほう！ほとんどの人が5円玉をよく知っているようですね。では今日はみなさんに5円玉を描いてもらおうと思います（ワークシートを配付）。このワークシートの左側には5円玉の表を、右側には5円玉の裏の絵を思い出しながら、できるだけ正確に描いてみましょう。

（活動時間は約5分）

T そこまで。それでは全体で発表する前に、近くの友達と見比べてみましょう。その際、友達の絵を見て、自分の絵を修正するときは、赤鉛筆で修正しましょう。また、お家の人にも近くで見てもらいますが、実物を見せてもらうのはだめです。それ以外のヒントをもらって修正してもかまいません。

C （近くの友達と話し合いながら、修正を加えていく）

T それでは、前で何人か発表してもらいます。発表したい人！

C （事前に打ち合わせたルールで、ほぼ全員が挙手する。もし、大型モニターに拡大することが可能ならば、映したものを発表させる。それぞれの絵が、何を表しているのかも確認しながら発表させる。）

T それではこれから正解を見せます（拡大図を提示する）。皆さん、当たっていましたか？実を言うとここには、これから社会で学習する四つの内容が詰まっているんです（以下のことを説明する）。

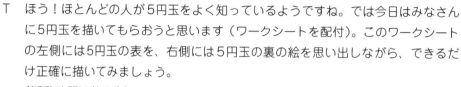

- 稲穂（表面。ちなみに粒の数は27粒）………農業
- 水面（表面。ちなみに線の数は12本）………水産業
- 歯車（表面。ちなみに歯車の数は16個）……工業
- 双葉（裏面）……………………………………林業
（ちなみに5円玉の重さ3.75gは、昔の重さの1匁である）

T そしてもう一つ、ここには載っていませんが「情報産業」というものも学習します。5年生の社会では、日本を支えるこれら五つの産業について学んでいきます。では具体的にどんな内容なのか、今日は最後に教科書の目次を見てみましょう。

（以下略）

（2）家庭「おいしいお茶のいれ方を学ぼう」

　5年生から始まる家庭科の学習は、子供が楽しみにしている学習の一つです。でも、調理実習など、きちんと手順を踏まないと危険な目に遭うこともあります。特に最近は、ガスコンロがない家庭も増えており、火を見たことがないという子供も増えてきています。その意味で、大人の目がたくさんある授業参観に調理実習を組み込むと、安全面で効果的です。

【用意するもの】
・エプロン　・マスク　・三角巾　・茶を沸かすのに必要な道具

T　家庭科の学習では、料理の作り方も学習します。これまで自分一人で何か調理をしたことがあるという人、どれくらいいますか？

C　（パラパラと手が上がる）

T　それではその中で、火を使って料理をした人？

C　（数人程度が手を上げる）

T　そうですね。最近は火を使わなくても、調理ができるようになってきました。でも、学校ではガスコンロを使って調理をします。なので、今日はまずガスコンロの正しい使い方を覚え、実際にお茶をいれてみましょう。

T　最初に調理実習をする際の身支度です（教科書で基本的な身支度を確認）。次に、ガスコンロの使い方です（教科書でガスコンロの使い方を確認）。お茶のいれ方も確認します（教科書で緑茶のいれ方を確認）。では、実際にガスコンロを使ってお湯を沸かし、お茶をいれる手順を見てもらいます。いすを片付けてから、私の手元が見える位置に集まりましょう（子供たちを教室前に集め、お茶をいれる手順を演示する）。それでは、これから皆さんにも実際にこの順序でお茶をいれてもらいます。初めてなので不安な人もいるでしょう。そんな人のために今日はスペシャルゲストにお越しいただきました！どうぞ！！

C　（子供たちはドアの方を一斉に凝視する…が、誰も来ない）

T　どこを見ているんですか。後ろにたくさん先生方がいらっしゃるじゃないですか。今日は、お家の方に、そばにいていただいて、皆さんの様子を見ていただきます。保護者の皆さん、お子さんの班のそばで、ご指導よろしくお願いします。それでは、皆さんは自分の班に戻って、早速お茶をいれてみましょう。（以下略）

　なお、中には保護者が来られない子もいるので、お茶をいれることをその日の宿題として出すのもよいでしょう。

2 保護者懇談会（4月）
―保護者の信頼を得るために―

1. 保護者懇談会で信頼を得られるように

　4月の保護者懇談会は主に担任の紹介、学級経営案の紹介、今年1年の活動計画の紹介、（学校によっては）PTAの役員決定というところでしょう。学級間での差異があまり出ないよう、学年会等で事前に話す内容を共有しておきましょう。

　教師にとっても新しい学級の保護者の様子は気になるところですが、保護者にとってもこれから一年、我が子を預ける担任の様子に興味津々です。おべっかを使う必要はありませんが、担任となった自分がこの学級の子供たちに愛情を注ぎ、保護者と信頼関係を築こうとしている姿勢を示しましょう。

2. 第一印象はとても大切

　まず大切なのが第一印象です。担任は子供が家族以外に一番密接に関わる大人です。一教員というより、一社会人としての姿を示す必要があります。

　一番大切なのは身だしなみです。高級なスーツを着ろとは言いませんが、やはり清潔感のある服装が好まれます。男性教員で意外と見落としがちなのが、ワイシャツの下のシャツの色です。赤や青などの色や、柄が透けて見えていないでしょうか。髪型や髪の色なども、最近の保護者はよく見ています。女性教員の場合は、華美になりすぎないよう、ナチュラルな印象を残すことをお勧めします。

　その次に大切なのが、言葉遣いです。やたらと横文字が多かったり、敬語が正しく使えなかったりすれば、保護者の信頼は得られません。保護者の中には、フレンドリーにタメ口で話してくる人もいますが、教師が同じトーンで返してはいけません。信頼関係を築くためにも、大人としての対応を心掛け、保護者に「これなら1年大丈夫」と思ってもらえるようにしましょう。

　次に大切なのが、文字です。「字は体を表す」という言葉の通り、文字はその人の人格が

現れると言われます。まして教師は、子供に字を教える立場。そんな人間が雑な字を書いていたり、書き順が間違っていたりしたら、それだけで保護者は「この先生で大丈夫かしら…」と心配になります。

3. 保護者懇談会の準備

（1）配付資料・参加名簿の準備

　当日配付する資料の内容の確認と印刷は、必ず前日までに済ませておきましょう。必ず伝えるべき内容については、学年で確認をし、特に大事な部分は蛍光マーカーなどでチェックしておきます。また、資料が複数枚に分かれている場合は、ホチキスなどで数枚まとめておきましょう。

　また、当日参加した保護者を把握するための名簿もあると便利です。その名簿の横に「お忙しい中、参観いただきありがとうございます。本日の資料は○部あります」といった一言を添えておくだけで、資料の過不足も事前に伝わります。

（2）教室の環境整備

　保護者は教室の様子もよく見ています。当日慌てて掃除をするのではなく、日々の清掃指導からきちんとしておきましょう。

　また、教室掲示や廊下掲示は、自己紹介カードや1学期の目標などを掲示すると、保護者は我が子が普段口に出さないような思いや決意を知ることができます。また、同年代の他の子が、どんなことを考えているかも知ってもらえます。

　当日の保護者の座席ですが、「ご自由にお座りください」とすると、ついつい知り合いのお母さん同士で固まってしまったりして、せっかくの新しい学級での交流が生まれません。そのため、我が子の席についてもらうのがよいと思います。そうすることで、机の落書き（普段からしないよう指導）や道具箱の整頓状況、机の奥に押し込まれている大事な手紙（後述）などにも気付いてもらえます。

　そこで、下の写真のような三角柱の名前ボードを、子供に作ってもらいます。

　名前の裏面の部分には、保護者へのメッセージを書かせます。内容は、5年生になってがんばりたいことや、新しく友達になった人の名前、子供から見た担任の特徴ベスト3など、保護者がお土産にできるようなことがよいでしょう。最近は仕事の都合で参加できない保護

者も少なくありませんが、そうした場合も子供がそれを持ち帰って、家の人に渡すことで、普段口に出せないようなことも伝えることができます。その日の夕食の話題になるかも知れません。

　なお、当日の席の配置ですが、初回は保護者同士の顔がよく見えるように、学級会のようなコの字型にするのがお勧めです。

4. 保護者懇談会の流れは、「出会いの法則」を意識して

　出会いの「3・3・3の法則」というものをご存知でしょうか。最初の3秒（相手の見た目）で印象の55％が決まり、次の30秒（あいさつや自己紹介）で印象の38％が決まり、次の3分で印象の残り7％が決まるというものです。その意味でも、出だしは重要です。また、「目は口ほどに物を言う」という言葉がありますが、どんなに言葉で立派なことを言っていても、表情や仕草が伴っていなければ、見透かされてしまいます。前日までに自己紹介文や話すことを文字にするなどして整理しておきましょう。

　最初のあいさつは、姿勢良くできる限りの笑顔で話します。

　こんにちは！本日はお忙しい中、足をお運びいただきありがとうございます。

　この度、5年○組の担任となりました○○○○です。1年間、よろしくお願いします。先日の始業式で初めて○組の子たちと出会い、元気いっぱいの姿を見て、これからの1年間がとても楽しみになりました。私の唯一、誰にも負けないことが元気です！元気が教室からあふれ出るくらいの学級にしていきたいと思います。これから1年間、ご協力よろしくお願いいたします。

自己紹介が済んだら、次は学級経営方針です。

　私の学級経営方針は三つです。学校教育目標、学年目標を受け、○○するクラス、○○するクラス、○○するクラスとしました。先日の始業式当日にもこのことを子供たちに話しました。ちなみに学級目標につきましては、これから子供たちと話し合って決めていきたいと思います。

次に自分の学級の様子です。この数日で感じた良い部分を伝えましょう。

　1週間が経ち、最初はよそよそしかった子供たちも日に日に慣れ始め、今日は男女でドッジボールをする姿も見られました。また、授業中は元気良く挙手する子も見られ、話し合い活動では、自分の考えをはっきりと述べるだけでなく、同じグループの子の話を聞こうとする態度も見られます。

続いては、学級の課題です。家庭に協力を願いたい部分などを伝えます。

> 課題について言えば、少し忘れ物の多さが目立ちます。教科書を忘れて平気で隣の子に見せてもらう子や宿題を出さずに黙っている子なども見られます。学校でも忘れ物をしたら連絡帳に書かせるなどの指導をして参りますので、ご家庭でもお声掛けをしていただけると助かります。

こうして協力を呼び掛けつつ、締めくくりには子供の良い面を伝えましょう。

> 課題もありますが、全体的に見ればやる気に満ちた素敵なクラスです。先日の委員会活動では、多くの子が副委員長や書記に立候補しました。また、学級の係決めのときには私の考えつかないような楽しい係をたくさん考えてくれました。

その後、1学期の行事の予定や、学年間での決まりについて話をします。それらが一通り済んだら、最後に必ず質問の時間を取りましょう。それらが全て済んだら、いよいよ懇談タイムです。4月の懇談会では、簡単な自己紹介プラス簡単なお子さんの特徴（良いところ）を言ってもらうとよいでしょう。「山田太郎の母です。サッカーが大好き少年で、いつも元気すぎて黙っていてもちょっとうるさいくらいです。どうぞよろしくお願いします」といった具合にです。自己紹介中、大型モニターにその子の顔写真も映すと、子供の顔と合わせて覚えることができます。

それが済んだら、最後は担任からの締めの言葉です。

> これから1年間、ご協力いただくことがたくさんあると思います。かわいい5年○組の子供たちが真っ直ぐ育っていけるよう、精一杯がんばっていきたいと思います。ここで一つお願いがございます。私も人間ですので、失敗をすることがありますし、時には私の指導にご納得いただけないことがあると思います。ただそんなとき、お子さんの前で学校や担任の悪口は控えていただきたいのです。もちろん、私も子供たちの前で保護者の皆さんやご家庭を悪く言うことはありません。子供が健やかに育つためには、担任と保護者の協力と信頼関係が欠かせないので、私や学校に何か不満や要望、疑問や心配事があれば、何でも結構ですので学校の方にご連絡いただきたいと思います。
>
> 本日は、お忙しい中、誠にありがとうございました。以上で、5年○組保護者懇談会を終わりにいたします。どうぞ気を付けてお帰りください。

懇談会終了後は、参加できなかった保護者に渡す資料をまとめ、その資料の上の方に「この度、5年○組の担任になりました○○です。1年間、よろしくお願いします」と手書きの一文を加えるだけで、保護者に担任の心遣いを伝えることができます。

3 保護者懇談会（6月）
一成長と課題を具体的に伝える一

1. 懇談会の準備

　懇談会は年に数回しかない、保護者に指導方針や学校の様子を伝える貴重な場です。1学期の成長と課題を短い時間で保護者にしっかりと伝えられるようにしましょう。懇談会資料は学年で作成し、主に学年主任が作成する場合が多いようです。まずは、学年で打ち合わせをして、学習面、生活面、運動面、夏休みの課題、連絡事項等の成果と課題を確認し、共通して伝えられるようにしましょう。その上で、自分の学級の具体的な様子を伝えるようにします。

2. 懇談会の主な流れ（例）

（1）前半部の講話例

　懇談会の具体的なイメージを持ってもらうため、以下に講話例の前半部分を示します。

表1　懇談会次第（例）

```
　1　担任あいさつ
　2　第1学期の振り返り（学習面、
　　　生活面、運動面）
　3　夏休みについて
　4　2学期の主な予定
　5　その他（連絡、お願い等）
（6　PTA役員さんからの連絡）
```

①担任あいさつ

　本日は、お忙しい中お越しいただき、ありがとうございます。4月に高学年の仲間入りをしてから早3カ月が経ちます。学力、規律、体力、全てにおいて4年生の頃とは比べものにならないくらい、たくましく成長できたと思います。

②1学期の振り返り

【学習面について】

　教科指導の充実のために学年で歩調をそろえ、充実した授業をどの教科でも展開するようにしました。子供たちも学習のペースに慣れ、落ち着いて学習できるようになってきています。国語については、「聴く」ことの大切さ、姿勢や丁寧さも含め、どの時間でも指導しました。また、作文指導や感想文を多用し、文章を書くことに慣れました。量は書けるようになりましたが、漢字を使うということが課題です。漢字については、中学年から高学年のステップアップはここにも表れていて、数の多さとペース

の速さに慣れることから始まりました。まとめのテストに向けて、自主学習で目的意識を持って取り組む子供が増え、90点以上の結果に喜んでいる子もたくさんいました。2学期は自分自身の「定着のさせ方」について再度指導していきます。発表については、積極的な姿が見られたのですが、「話す」ことへの経験不足も感じました。語尾までたどりつかず発表をやめてしまう、「伝える」というより「棒読み」の場合も多かったので、2学期の指導に活かしていきます。（以下、他の教科についても同様に説明）

【生活面について】

　人間関係の基本として「あいさつ・返事」を大事にしました。低学年の見本となるよう引き続き指導していきます。また、委員会活動が始まりました。副委員長などへの立候補の際、少しでも「やってみよう」と思ったことには、迷わず挑戦するよう指導しました。「教室は間違うところだ」「失敗は成功のもと」を合言葉にやってみて初めて分かること、感じることが成長につながります。高学年としてやるべきことも増えたので、時間を大切にすること、けじめを意識して行動することができるようになってきました。また、低学年との関わりも増え、低学年のお世話をしなければいけないということが、成長のステップにつながりました。高学年になると、人間関係も固定しがちです。いじめを許さない環境づくりのため、人はみんな違うこと、それぞれに良さがあること、その良さを受け入れてお互いに支え合っていくのが大事なことなどを伝えています。お子さんが気になることを話していたら、すぐに学年担任に話してください。私たちも努力しますが、保護者の皆様の協力が必要です。よろしくお願いいたします。

【運動面について】

　体育授業の充実のために学習規律を確立させ、力いっぱい運動する授業づくりをしました。運動好きな子を育てることは、生涯スポーツの資質・能力につながっていきます。とても意欲的に授業に取り組み、友達との関わりも多く見られました。体育の授業だけでなく、休み時間の外遊びも大事にしています。

（2）「夏休み」「2学期の主な予定」について

　夏休みの過ごし方は、交通事故・水の事故防止、SNSのトラブルなど、特に保護者に気を付けてもらいたいことに絞って伝えます。夏休みの課題は、内容が決まっている場合は伝え、特に課題一覧から自分で選んで取り組むものは（○○の絵コンクールなど）画用紙の大きさが決められているものもあるので、確認するよう伝えます。2学期の予定は、資料に細かく載せておき、学校行事や土曜参観など大切なものは口頭でも必ず伝えましょう。

　5年生にもなると、保護者も夏休みに慣れ、子供に任せきりなることがありますが、そうした状況が不規則な生活や事故・トラブルを招くことをしっかりと伝える必要があります。

4 1学期終業式
ー1学期を振り返り、まとめをするー

　1学期の終業式は、4月からの学習や生活を振り返り、一人一人が努力や成長を確認するとともに、自らの課題をしっかり理解し、2学期に向けて新たな目標を持てるようにするために行います。1学期の締めくくりを十分に行い、安全に気を付け、目的意識を高めた上で、楽しい夏休みを過ごせるようにしましょう。

1. 通知表の準備

　通知表の準備は、学級担任に決まった日から始まります。学年の教師と相談し、どの活動・作品をどのように評価していくのか確認し、足並みをそろえます。

【通知表作成のスケジュール】

4月	・年間の行事予定や指導計画をもとに、1学期の見通しを持つ。 ・学年会で、各教科の評価方法について共通理解を図る。
5月 6月	・授業を行い、評価計画をもとに評価を進める。 ☆授業の様子、委員会活動の仕事ぶり、クラブ活動や縦割り班活動での異学年交流、係や当番活動、林間学校などの学校行事について、活躍を記録。残した記録が所見文の作成に役立つ。
6月下旬 7月上旬	・道徳科、総合的な学習の時間、特別活動、総合所見などの所見文の作成を始める（早めに取りかかると評価に意識が働き、自然と子供の良いところ集めを始めるようになる）。 ☆1日に〇人、今週は□を仕上げるなど、マイプランを立てることで、自らモチベーションを高めていくこと。
7月中旬	担任の評価と専科の教師が付けた評価から、成績を仮決定する。 ・学年の互審会、管理職の指導を通して仕上げていく。 ☆仕上がったと思っても、通知表の見直しは3回は行う。 ①印刷前：細かな間違いをチェック　➡ **完成** ②印刷後：印字のかすれをチェック ③終業式前日：出欠席と全体をチェック
終業式	・1学期のがんばりを褒めながら通知表を渡す。

2．1学期最終日に伝達する内容

　この日は長い夏休みに向けて確認することが多く、連絡漏れがないようにしなければいけません。話す内容を整理しておき、確実に伝達します。

> □配付物　　　　：手紙の枚数や説明が必要な内容を確認します。
> □夏休みの課題：課題の一つ一つについて、行い方を説明します。
> 　　　　　　　　原稿用紙や作品の応募票なども確実に配付します。
> □持ち帰る物　　：防災頭巾や上履きなど、最終日に持ち帰る物を伝えます。

3．夏休みの過ごし方について

　夏休みの生活指導については指導事項が多くありますが、特に5年生の発達段階や学年の実態に配慮した内容を重点的に指導します。

> ●交通事故 ………… 行動範囲が広くなり、自転車事故が多くなります。
> ●不審者対策 ……… 遊ぶ時間を守らせ、防犯グッズを携帯させます。
> ●金銭トラブル …… お金の貸し借りに加え、ゲームの課金も問題です。
> ●いじめ ………… オンライン対戦を通してのいじめも起きています。

4．通知表の渡し方について

　通知表を渡す際は、1学期の努力を褒める言葉や励ましの言葉を一人一人に掛けます。良い点や課題について説明し、達成感や問題意識を持たせることも大切です。特に、成績が悪かったところについては、テストや作品などの評価を根拠として示して、本人が納得できるようにします。子供や保護者が納得できるよう、評価者として説明責任を果たせるようにしておきましょう。

　通知表を渡すときには、1人1冊本を用意させます。個々に説明をすると45分かかることもあるので、その間は静かに過ごせるよう、読書の課題を与えるようにします。どんな課題でも構いませんが、通知表を見せ合って騒いだり、それがもとで子供同士のトラブルが起きたりすることがないようにしましょう。

2～3学期の
学級経営

　1学期はうまく行っていたのに、夏休みを挟んで急に学級が乱れ始めた…なんてことも珍しくありません。このPARTでは、そうならないための2～3学期の学級経営について解説していきます。

2学期始業式
―子供も教師もしんどい―

1. 2学期始業式の心構え

　子供たちの中には、夏休みが楽しくて「ずっと休みがよかった」と思っている子もいます。あるいは、友人関係や学習面などに心配事があって学校へ行くことに気が乗らない子、長い休みの間に生活リズムが崩れて体調の優れない子などもいるに違いありません。その意味でも、まずは無事に学校へ来てくれたことだけで、担任としては幸せだという思いを伝えていくことが大事です。

　一方、長い夏休みが終わってしまうときは、誰もが少し憂鬱な気分になるものです。教師にとっても、それは同じ。2学期初日からいろいろなことを完璧にこなしていくのは、厳しいものがあります。「1週間くらいかけて徐々に慣れていけばいい」くらいの心持ちで指導すると、少しだらけ気味の子供たちに対して、穏やかな気持ちで接することができます。そうすることで、褒めるポイントが見えてくることもあるでしょう。ただ、子供たちの表情や人間関係の変化にはすぐ気付くことができるように、アンテナは高くしておきたいものです。

2. 2学期開始時の黒板

　いろんな気持ちの子供たちが入ってくる教室の黒板は、これから再び始まる学校生活に希望を持てるよう、前向きなメッセージを準備しておきたいものです。「教室はあなたたちの居場所なんですよ」という担任の思いを伝える意味で、「おかえりなさい」と書いておいたり、2学期に予定されている楽しい行事を書いておいたりすると、子供たちは少し前向きな気持ちになれます。絵が得意であれば、クラスのキャラクターを描くなどもお勧めです。

3. 始業式の日の具体的な流れ

　以下は、始業式当日の一般的な流れです。

朝休み	できるだけ教室にいて、子供たちの表情や反応を確認しつつ出迎えます。この時間に、配膳台などに紙を貼っておき、提出物を集めるとよいでしょう。
朝の会	健康観察でも子供の様子をしっかりチェックします。
始業式	体育館で実施。（感染症が流行している場合はテレビや放送）
2校時	子供たちの関わりを復活させるアクティビティ。2学期初日の集合写真を撮影。
3校時	提出物を集めたり、手紙を配ったりします。
帰りの会	まだ声を掛けていない子がいれば様子を見て声を掛けます。

　もし、始業式の後に、体育館を使えるようならば、そこで2時間目（学級会）を行っても構いません（ただし、学校によってルールがあると思うので、確認する必要があります）。その場合は、手拍子でのグループづくりを何回かした後、そのグループに風船を一つずつ渡して、どのグループが一番早くゴールまでたどり着けるか「風船バレー」をします。こうしたゲームを取り入れることで、子供たちの憂鬱な気持ちも軽くなります。

　もう一つのお勧めアクティビティは、「探偵ビンゴ〜夏休みver.〜」です。ビンゴのマスには「夏休みにやったこと」を書きますが、内容は配慮が必要です。このアクティビティを4月に「春休みver.」、1月に「冬休みver.」で行えば、子供たちは1年間を振り返ることができます。

　3校時は、2校時目に少し体を動かしているので、指示もいくらか通りやすくなっています。提出物を集めるときは、1学期末に配付した学年便りを見ながら、漏れがないように注意

探偵ごっこビンゴ〜夏休み version〜

名前（　　　　　　　　　　）

プールに行きました。（　）	アイスクリームを買いました。（　）	花火をしました。（　）	すいかを食べました。（　）	おこづかいをもらいました。（　）
友だちと遊びました。（　）	そうめんを食べました。（　）	埼玉県外に出かけました。（　）	映画をみました。（　）	祖父母の家に行きました。（　）
お墓参りに行きました。（　）	盆踊りをしました。（　）		宿題をがんばりました。（　）	海に行きました。（　）
山に行きました。（　）	ラジオ体操に行きました。（　）	24時間テレビをみました。（　）	虫採りをしました。（　）	かき氷を食べました。（　）
お手伝いをがんばりました。（　）	かみの毛を切りました。（　）	○○○小の先生に会いました。（　）	つりをしました。（　）	オリジナル質問ゾーン（　）

します。そして必ず、出席番号順に集めます。すると、子供たちが何を忘れてしまったのかが、すぐに分かります。30人学級なら5人ずつでも10人ずつでも構いませんので、そのクラスの実態に合わせて区切るようにしましょう。

2 感染症予防
―対策を徹底し、拡大を防ぐ―

1. 感染症予防の基本的な考え方

感染症対策のポイントは、次の三つです。

> ●感染源を絶つこと　●感染経路を絶つこと　●抵抗力を高めること

学校の感染症対策について保護者の理解と協力を得て、全教員の共通理解・共通行動の下で、対策を徹底することが大切です。

（1）感染源を絶つために

感染源を絶つためには、次の三つが重要です。

> ●発熱等の症状がある場合は、登校しないことを徹底する。
> ●子供が登校した際の健康状態を確実に把握する。
> ●登校後に発熱等の症状が見られたら、家庭に帰して休養させる。

（2）感染経路を絶つために

感染には、「接触感染」と「飛沫感染」があります。これらを絶つためには、次の三つが重要です。

> ●接触感染を防ぐため、石けんを使った手洗いをこまめに丁寧に行わせる。
> ●飛沫感染を防ぐため、マスクの着用やハンカチなどでの咳エチケットを指導する。
> ●接触感染を防ぐため、消毒作業と清掃活動をバランス良く行う。

（3）抵抗力を高めるために

感染症を予防するには、一人一人が免疫力の維持・向上に努めることも非常に大切です。「十分な睡眠」「適度な運動」「バランスの取れた食事」を心掛けた生活が送れるように家庭と連携します。

2. 教室での過ごし方・授業における感染症予防

まず、ウイルスを学校に持ち込ませないために、登校後すぐに石けんを使った手洗いを行

います。タブレット端末やキーボード、ほうきなどの共用の物を使った場合は、手指消毒をして接触感染を防ぎます。

　話し合い活動についても、正しくマスクを着用していれば感染リスクは低くなります。ペアワークやグループ活動を行うときには、間隔を空けた机配置にします。係や当番活動、休み時間はどうしても「密」になりがちですが、なるべくソーシャルディスタンスを守るよう指導します。机の間隔や腕を伸ばした長さを目安にすると、理解しやすくなります。

　感染症予防には換気が大切です。当番や窓の近くの子供に窓の開け締めを行わせ、休み時間は全ての窓を全開にします。夏と冬のエアコン使用時も締め切らず、授業中も通気窓を10cm程度尾開けておき、密閉した空間にならないようにします。

3．家庭との連携

　感染症に対しては、保護者も大きな不安を抱いています。個人面談や懇談会、学校だよりや学年だより、学校のホームページなどで、学校の感染症対策について知らせ、保護者の理解を得ます。その対策を確実に実行していくことで、保護者からの信頼が高まります。

　体調を崩して休んだ子供もいた場合は、①発症日時、②現在の健康状態、③受診した医療機関名、④治療の詳細などを聞き、管理職や養護教諭に報告をして、素早い対応を取るようにします。

4．子供が感染症予防に進んで取り組む工夫

　高学年になると、押し付けられたことは面倒に思う一方、問題意識が高まれば　進んで行動に移すことができます。朝の会などで、感染症拡大のニュースを話題にして、自主的なマスク着用、手洗いなどにつなげるとよいでしょう。

　委員会活動を活用し、学校全体として感染症予防に取り組みます。委員会ごとに活動を工夫させ、子供たちが主体的に取り組めるようにします。

放送委員会 … 手洗い・うがいを呼び掛けたり、手洗いの歌を流したりする。
保健委員会 … 丁寧な手洗いを低学年に教えたり、呼び掛けたりする。
給食委員会 … 飛沫感染防止についての食事の前後の行動を説明する。
環境委員会 … 消毒液ボトルの交換や感染予防のポスターの作成を行う。

3 2学期末〜3学期始めの配慮と工夫
―伝達事項と留意点―

1. 2学期終業式

　1年の中で最も長く、行事が多いのが2学期です。子供は、普段の生活はもとより、行事を通して大きく成長します。終業式には、そのがんばりを褒め、「自分たちががんばったから、5年生として最高の思い出をつくることができた」ことを実感させましょう。

【終業式後の流れ】
①終業式の校長講話の補足
　校長先生が子供たちに向けて話したことについて、自分の学級ではどうだったか、できていたことを具体的に褒めましょう。課題についても同じです。
②配付物、宿題、冬休みの過ごし方の確認
　おたよりや宿題の確認をします。特に学年便りには、宿題や始業式の連絡が載っているので、子供と一緒に確認しましょう。冬休みの過ごし方は、交通事故、SNSのトラブル、お金の使い方については必ず指導します。また、冬休みは大掃除や伝統的な行事など普段できないことが多いので、積極的に参加するように声を掛けます。宿題のプリント類が多い場合は黒板前に机や配膳台を出し、その上にプリントを並べ、子供たちが一人ずつ取ってホチキスで綴じるようにします。時間がない場合は、前日に行うとよいでしょう。
③通知表を渡す
　通知表では、一人ずつがんばったところと3学期に向けての課題を伝えましょう。特に評価の面で、子供からの疑問がある場合は、一緒に内容を確認します。係名や欠席の間違いがないかすぐに確認させて、訂正がある場合は下校までに訂正します。
　なお、大掃除はできるだけ前日に終わらせて、ワックスもかけておくとよいでしょう。

2. 3学期始業式

　3学期は学年のまとめの学期であり、新年のスタートでもあります。子供たちが「よし、またがんばろう」と気持ちを新たにスタートできるようにすることが大切です。そのために、事前に黒板に子供の気持ちを高めるようなメッセージを書いておきます。メッセージに

は、4月から学級経営で大事にしてきたことを入れましょう。

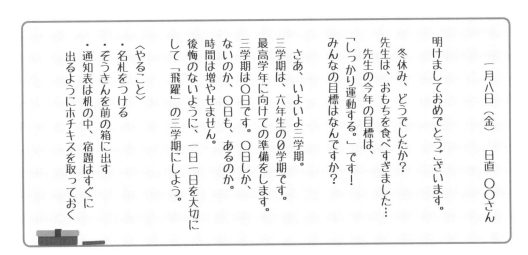

一月八日（金）　日直　○○さん

明けましておめでとうございます。

冬休み、どうでしたか？
先生は、おもちを食べすぎました…
先生の今年の目標は、
「しっかり運動する。」です！
みんなの目標はなんですか？

さあ、いよいよ三学期。
三学期は、六年生の0学期です。
最高学年に向けての準備をします。
三学期は○日です。○日しか、
ないのか、○日も、あるのか。
時間は増やせません。
後悔のないように、一日一日を大切に
して「飛躍」の三学期にしよう。

〈やること〉
・名札をつける
・ぞうきんを前の箱に出す
・通知表は机の中、宿題はすぐに
　出るようにホチキスを取っておく

【当日の流れ】

①始業式

名札をつけさせ、防寒をさせます。聴く姿勢が大事だと伝えます。

②担任の話

黒板に書いてあることをもとに、残り3カ月を全員で協力して良いものにすることを伝えます。

③宿題の提出

宿題類の提出は、黒板の前にかごを用意して何をどこに出すのか明らかにしておきます。提出が済んだら、全体に向けて学期のスタートである日に提出物を忘れなかったことを褒めます。忘れてしまった子供には、翌日には必ず提出するよう伝えます。

漢字ノート

図　提出かご

宿題等は、その日のうちに目を通します。学年である程度どの課題に花丸をつけ、スタンプを押し、コメントを入れるのかを確認しておきます。生活表や一言日記のような子供の休みの様子が分かるものは、コメントを書きやすいものがあります。あまり時間はかけられないので、負担のないようにしましょう。返却は、2日以内に終わらせます。

④新年の目標

1年の目標をカードに書き、全員分を模造紙に貼って掲示します。3学期の目標は、後日記入しましょう。

⑤国語俳句づくり

時間に余裕がある場合は、冬休みをテーマに俳句づくりをします。

4 学年最後の学級活動
―「ただ楽しいだけの時間」にしない―

1. 最後の学級活動に向けた準備

　いよいよクラスが解散する3月。最高学年に向けた気持ちの準備もしつつ、今のクラスでの楽しい思い出も増やしたいものです。多くのクラスが「3学期お楽しみ会」や「1年間ありがとうの会」と称して、レクなどを計画すると思います。学級会で内容を決めると思いますが、「ただ楽しいだけの時間」にならないよう目的を持って行うことで、より思い出深い時間を過ごすことができます。

　学級会を行う場合、活動のめあては、1年間の感謝の気持ちをお互いに伝えたり、自分たちの成長を実感したり、次年度もがんばろうという気持ちを持ったりすることです。教師は、そうした会になるよう支援します。5年生の学習は盛りだくさんでぎりぎりまで授業というクラスもあるでしょうから、あまり準備に時間のかかるものはお勧めしません。

2. 最後の学級活動の活動例

（1）クラスでおそろいの物を作る

　例えば、透明のクリアファイルにクラスのキャラクターを描いてしおりにするなどの活動があります。クリアファイルを切り開けば1枚で10人くらい描けますし、絵が苦手な子でも下に見本の絵を入れて描けば、上手に描くことができます。材料費もかからず簡単です。

（2）プレゼント交換をする

　プレゼントは、各家庭から持ってくることはお勧めしません。値段を決めたり、家にあるものと条件を決めたりしても、トラブルは起きます。子供たちがプレゼント交換をしたいと言いだしたら、学校で同じ材料・条件で作るようにします。例えば、桜の形に切った画用紙などを作り、裏に誰がもらってもうれしいメッセージを一言添え、ラミネートして交換します。メッセージには差出人は書きません。誰が書いたか分からないからこそ、子供たちはドキドキします。

（3）5年生卒業アルバムを作る

　少々時間がかかる取り組みですが、6年生での卒業アルバム作成の練習にもなります。学期末なのでさほど時間は取れませんが、「1年間の思い出」や「このクラスを漢字一文字で

表すと？」など、アンケートを取ってまとめます。

　学級費・学年費に余裕があれば、1人〇枚ずつと決めて、学校生活の写真を注文します。写真は紙に糊で貼り付けるのではなく、紙に切り込みを入れてはめるとよいでしょう。行事ごとにたくさん写真を撮っておけば便利です。ただし、学年でよく相談した上で、行う必要があります。

（4）思い出になるようなアクティビティ

　「宝さがし」や「震源地」のような遊びも楽しいですが、最後の学級活動ですから、友達との仲の深まりを実感したり、1年間を振り返ったりするような活動をしたいものです。

　そうした活動の一つに、「別れの花束」があります。何の準備をしなくとも、その場ですぐにできます。

別れの花束

①グループになり順番を決めます。グループの人数は、奇数でも偶数でも構いません。

②同じグループになった友達一人一人にあげる想像上のプレゼントとその理由を考えます。プレゼントは、その人のことをよく考えて選ぶこと、もらってうれしい物にすること、理由もしっかり伝えることがポイントです。

③1番の人からその場に立ち、想像上のプレゼントを渡します。具体的に、次のような感じです。

> 　〇〇さん1年間どうもありがとう（ここで花束を渡すジェスチャーをし、相手もそれを受け取るジェスチャーをする）。〇〇さんには「いつでも野球観戦できる魔法のチケット」をプレゼントします。これを選んだ理由は、〇〇さんは野球が大好きだからです。野球の話をしている〇〇さんの顔はいつも楽しそうでした。このチケットを使って野球観戦したら、またお話を聞かせてください。

④プレゼントのやり取りを全員分します。高学年がこうしたやり取りで喜ぶのかと思う人もいると思いますが、意外なほど盛り上がります。実際には花束もプレゼントも存在しませんが、自分のことを考えてくれたんだと温かい気持ちになれます。実際に花束もプレゼントも存在しているかのように、ジェスチャーをするのがポイントです。

---

5 修了式
－1年の終わりと次学年に向けて－

1. 修了式の基本的な考え方

　修了式では、1年間の成長を感じさせるとともに、6年生のスタートであることを意識させることが大切です。この時期の子供は、卒業式に在校生代表として参加している場合が多く、自分たちがいよいよ最高学年だという気持ちが高まっています。修了式で体育館に全校児童が集まるときに、全体を見るよう声を掛け、最高学年であることを実感させましょう。また、学級最後の日でもあるので、1年間の思い出を振り返り、お互いの成長を確認して温かな雰囲気で終わるようにします。

2. 修了式に向けた準備

　事前に修了証の生年月日の確認、配付物の確認をします。学期ごとに皆勤賞やがんばり賞を渡すこともありますが、学年末には皆勤賞を用意しましょう。1年間休まずに登校できたことは素晴らしいですし、5年生になると、「6年間皆勤賞」も近づくので、より子供たちは喜びます。1年を振り返るために思い出の写真を掲示したり、ムービーを作成したりするのも効果的です。撮り溜めた写真をスライドショーで流すだけでも、1年を思い返せます。中でも盛り上がるのが、4月、9月、1月頃の個人写真を2〜3枚入れ、顔つきの変化を皆で楽しむことです。毎日顔を会わせていると気付きませんが、それぞれ中学年の顔から、高学年の顔に変わっていて成長を感じることができます。ただし、忙しい時期でもあるので学年で確認したり、負担のないようにしたりすることも大切です。

3. 修了式当日の流れ

（1）修了式

　すでに6年生が卒業しているので、自分たちが最高学年であることを意識させます。1年の終わりの日を高学年にふさわしい態度で臨めるように雰囲気をつくります。教室に戻ったら、校長講話を補足する形で1年間の成長を簡単に伝えます。

（2）配付物、連絡

　学年便りは、新年度の持ち物や春休みの過ごし方について書いてあるので、子供と共に確

認します。新年度の昇降口や教室、新学級の確認の仕方は必ず押さえます。春休みの過ごし方については、他の長期休みと同じですが、1年の中でも交通事故が多いのは春休みなので、十分に注意するよう指導します。また、春休みは宿題がない場合が多いですが、4月には学力調査が行われるので、自主学習に取り組むように指導しましょう。2週間の学習の取り組みが、最高学年での良いスタートにつながることを伝えます。春休みに新6年生が新年度の準備登校をする場合は、持ち物や欠席連絡の仕方を確認しましょう。休業中ではありますが、最高学年の最初の大切な仕事ということを強調し、参加への気持ちを高めます。

（3）通知表・修了証の配付

　がんばったことだけでなく、6年生への期待も伝えます。また、修了証の生年月日を必ず確認させます。

（4）学級じまい

　1年間を通して大事にしてきたこと、全ては最高の1年にするためだったこと、最高学年として6年生で輝くための土台づくりだったことなどを伝えます。その上で、みんなで素晴らしい1年にできたことを褒め、自信を持てるようにします。そして、最後には必ず感謝を伝えるようにしましょう。

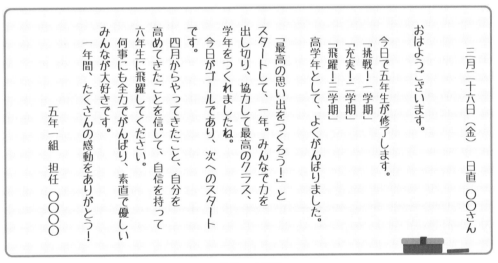

おはようございます。

三月二十六日（金）　日直　〇〇さん

今日で五年生が修了します。
「挑戦！一学期」
「充実！二学期」
「飛躍！三学期」
高学年として、よくがんばりました。

「最高の思い出をつくろう！」とスタートして、一年。みんなで力を出し切り、協力して最高のクラス、学年をつくれましたね。
今日がゴールであり、次へのスタートです。

四月からやってきたこと、自分を高めてきたことを信じて、自信を持って六年生に飛躍してください。
何事にも全力でがんばり、素直で優しいみんなが大好きです。
一年間、たくさんの感動をありがとう！

五年一組　担任　〇〇〇〇

別れの黒板

79

いつでも使える！
学級経営の小ネタ＆小技

　学級というのは、担任のちょっとした工夫や働き掛けで、良い方向へ向くことがあります。このPARTでは、日々の学級経営で使える小ネタや小技の数々を紹介していきます。

 # 子供の主体性を 伸ばす小ネタ＆小技
－教師は縁の下の力持ち－

1. 主体性を育む学級経営の留意点

　新しい学習指導要領では「主体的・対話的で深い学び」という言葉が何度も出てきます。その中でも「主体的な学び」について、中央教育審議会の答申（2016年12月）では、授業改善を行う視点について、以下のように示しています。

> 　学ぶことに興味や関心を持ち、自己のキャリア形成の方向性と関連付けながら、見通しを持って粘り強く取り組み、自己の学習活動を振り返って次につなげる「主体的な学び」が実現できているか。子供自身が興味を持って積極的に取り組むとともに、学習活動を自ら振り返り意味付けたり、身に付いた資質・能力を自覚したり、共有したりすることが重要である。

　このような「主体性」を伸ばすためには、いったいどうすればよいのでしょうか。勘違いしやすいのは「主体性＝放任主義」と思ってしまうことです。子供の「主体性」を伸ばそうとするがため、子供に全てを任せ、何も手を出さなかった結果、子供が何もしなくなってしまったというケースが時折見られます。

自分たちの力だけでできた！

　「主体性」を伸ばすためには、大人の事前の入念な準備が必要です。あたかも子供たちが「自分たちの力だけでできた！」と感じさせるような、目には見えない縁の下での準備と工夫が必要なのです。

2. 主体性を育む具体的工夫

　では、いったいどんな工夫が必要なのでしょうか。具体的に紹介します。

（1）年間行事の実行委員の擁立 ～みんながリーダーに～

　「行事が子供を育てる」という言葉があります。高学年になると、それまでより行事との

関わりが増えてきます。そんな行事一つ一つで、「実行委員」を立てましょう。そして、1年を通して、必ず全員が1回はリーダーになれるようにします。そして、行事を行う際には、必ず「実行委員会」を開き、事前に指導をし、当日はできるだけ、その「実行委員」が中心になって進められるようにします。もちろん、高学年とはいっても、初めて取り組むことばかりなので、子供はとても緊張します。なので、子供が大きな失敗をしないよう、事前の原稿チェックやリハーサルなどを繰り返し行い、できる限りの指導と助言をしてあげましょう。そして、本番当日は子供を「信じ」、「任せ」、「見守り」ます。

（2）教科指導は主体性を育むチャンス ～小ネタ&小技を取り入れて～

日頃の教科指導でも、子供の「主体性」は伸ばせます。以下に、具体例を紹介します。

教科	内容	補足
全教科	司会者中心の話し合い	司会の子が班員の意見を集約し、全体に発表
	学習コーナーの掲示物作成	学習して大切だと感じたことの掲示物を子供が作成
国語	音読の指名	音読し終わった子が、次読む子を指名
社会	授業の初めに時事ネタクイズ	時事ニュースなどから、子供がクイズを考える
算数	ミニ先生の丸付けタイム	適用問題が早く終わってしまった子に、ミニ先生として丸付けをしてもらう
理科	実験方法は話し合いで決める	子供に必要な手順、道具を考えさせる（安全性のチェックは、必ず教員が行う）
図工	いいとこ見つけタイム	作品作成途中にテクテクタイムを取り、友達の良いアイデアを見つけさせる
家庭	プチパパ・プチママのお手伝いコーナー	裁縫などが得意な子にプチパパ・プチママになってもらい、教えてもらう
体育	ミニコーチ・ミニ監督	経験のある子に、コツを教えてもらう

どの活動も、最後に振り返りをさせることが大切です。そして、上手くいかなかった部分について、原因と改善方法も考えられるとよいでしょう。

また、忘れてはいけないのが、教師による肯定的な評価です。たとえうまくいかなかった場合でも、自分たちで動いていたり、一生懸命取り組んでいたりしたら、その姿を評価してあげましょう。そうすることで次への意欲が生まれ、子供の主体性も伸びていきます。子供たちでできたことを、「学級年表」のようにして、教室に掲示していくのもお勧めです。

2 子供の協調性を伸ばす小ネタ&小技
―各教科・特別活動での実践例―

　高学年になると、相手の立場を考えたり、自分の行動をコントロールしながら友達と関わろうとしたり、発達段階的にも協調性が高まります。協調性は人と関わる中で育っていくものですが、他者と関わる場を意図的に設けることで、互いに尊重し合ってより円滑な人間関係を築けるようにしていくことが大切です。

　学習指導要領が改訂され、これからの時代は他者と協働して課題を解決していく力が求められています。新しい時代を生きる子供たちに必要な力を育むため、授業や特別活動、学校行事など、学校生活全般を通して協調性を高める工夫をしていきましょう。

1. チャレンジゲームで団結力や協力する心を育てる（学級活動）

チャレンジゲーム

①クラス全員で輪になって座ります。

②スタートの子を決め、ボールを順番に回していきます。

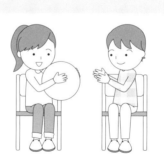

③1周回ったところで何秒かかったか伝えます。もっと早く回す工夫を相談させ、2回目、3回目と挑戦させます。

④タイムが伸びるほどに心が一つになっていくのが実感できます。話し合いで積極的に意見を出した子、意見を忠実に実行していた子、友達と声を掛け合っていた子などを褒め、一つの目標に向けてチャレンジしていこうという態度を育てます。

※両手でなく片手でする、拍手をリレーする、つないだ手をぎゅっとにぎる感覚を伝える、などゲームをアレンジすると、新鮮な気持ちで繰り返し楽しめます。

---

2. グループで協働して課題解決に取り組む（各教科）

　各教科の授業において、グループで協働して課題に取り組む場を設定します。グループ活動を取り入れることで、分担や役割を調整し、協力しながら活動する姿や互いに尊重し合う態度を育てます。

活動例　国語5年「なまえつけてよ」（光村図書）

①物語の終末における発問「この先、春花と勇太はどう関わっていくだろう」について、それまでの読み取りを根拠に個人の考えをまとめる。

②グループごとにそれぞれの考えとその根拠を伝え合い、一人一人の考えの良いところに目を向けさせて、グループで出た考えを整理する。

③グループでの発表では、考えを一つに集約するのでなく、同じような考えや似ているけれど少し違う考え、違った考えなど、グループでどのような意見が出たのかという視点で発表する。

④共通の場面でも人によって捉え方が違う面白さに着目させ、多様な考えによって読み取りが深まり、そんな学びができるクラスであることを称賛する。

こうした経験を、一人一人の考え方を尊重し合う学級風土づくりに役立てます。

3.　集団をまとめ、調整する力を伸ばす（縦割り班活動）

　縦割り班活動では、発達段階の違う集団の中で調整役に回り、遊びや給食、掃除などをスムーズに進めることが求められます。5年生の場合は、高学年になり、リーダーの立場になったことを自覚させます。特に次の2点は協調性を高める視点として常に意識させるようにします。

①6年生の仕事をサポートし、班をまとめてスムーズに活動が進むようにする。
②下級生の意見を尊重し、話し合いをリードして高学年としての言動に努める。

4.　小集団の工夫を全体の作品づくりに生かす（運動会・表現運動）

　運動会のダンスや組体操などの表現運動では、4人のグループごとに振付の一部（8拍×4回で32拍）を考えるという課題を与えます。流行りの動作やダンス教室での学び、授業で覚えた動きのアレンジなど、さまざまなアイデアが出てきます。一人一人の考えを一つにまとめる過程では、良い意見に賛同したり、友達と譲り合ったりするグループを褒めるとともに、協調して活動する姿を全体の場で称賛します。そうして、仲間で助け合う温かい雰囲気を広めます。

3 外部の人との連携の 小ネタ＆小技
―頼れる人はみんな頼る！―

1. 外部人材との連携の重要性

　小学校教育は、非常に担任の影響力が強いものがあります。その意味で、時には「このままで自分のクラスは大丈夫だろうか」と考える必要があるかもしれません。時には、隣のクラス、またさらに隣のクラスの様子を見て、冷静に自分のクラスの状況を眺めてみる必要があります。

　そうした中で、近年は音楽や理科など、小学校高学年の一部の教科は、専科教員が受け持つようになってきました。学習指導においても、生徒指導においても、担任だけでなく複数の目で子供たちを見守り、指導していくことはとても大切なことです。中学校での教科担任制に、スムーズにつなげる取り組みとも言えるでしょう。

　「複数の目」と言えば、ゲストティーチャーなどの外部人材に関わってもらうことも大切で、子供たちの学びが深まります。準備や手続きが大変な場合もありますが、「チーム学校」が提唱される中、「頼れる人はみんな頼る！」という精神が、これからの学校教員には必要です。

2. 連携の具体的工夫

　ここからは、外部の専門家別に、連携する上での具体的な工夫・注意点などを見ていきます。

（1）スクールカウンセラー（SC）
　多くの学校では、1〜2週間に1回程度、SCが来校します。子供や保護者が事前に面談を申し込んでいる場合も多く、なかなか時間が取れない状況はあると思いますが、放課後などに教室へ来てもらい、専門的な目で「気になった点」や「効果的な支援」などを伺うとよいでしょう。事前に気になる子供を伝えて見てもらってもよいですし、あえて何も言わずに見てもらっても構いません。自分では気が付かなかった点や逆に気にしなくもいい点が分かり、日々の指導に役立てられます。

（2）スクールソーシャルワーカー（SSW）

　SSWも、SCと同じく１〜２週間に一度のペースで来校するケースが多いようです。SSWは家庭に働き掛けてもらえるので、学校を休みがちな子の家を訪問し、その様子を把握してもらうことができたりします。放課後以外の時間に家庭訪問ができない担任にとっては、ありがたいことです。昨今、いじめや不登校は「組織で対応」が基本となっているので、担任が一人で抱え込まず、情報を共有しながら一緒に考えてもらうことが大切です。

（3）学習支援員

　学習支援員は授業に入り、国語や算数などの学習支援をします。近隣の大学生などが務めるケースも多く、教員免許状を持っているわけではないので、事前にしっかりと打ち合わせをしておくことが大切です。授業前に打ち合わせをする時間がなければ、事前にお願いしたいこと、知っておいてほしいこと、注意事項などをメモに書き、渡しておくとよいでしょう。

（4）ゲストティーチャー

　ゲストティーチャーは、どの学校も毎年度お願いしている人がいると思います。その人にお願いしたい場合は、前の学年主任や管理職に確認をして、早めに連絡を取ることが大切です。その道のプロから話を聞くことは、子供たちにとっても貴重な学びの場となります。

　いくつか、ゲストティーチャーを招いた授業の事例を紹介します。

福祉体験教室

　社会福祉協議会の人に車いすや白杖、高齢者疑似体験セットなどをお借りして福祉体験を行い、ボランティア団体の方を招いてお話をしていただく。

携帯安全教室

　最近は、小学校高学年の段階でスマートフォンを所持している子供も少なくありません。時に、大人の知らないような使い方をしていることもあります。その意味で、通信系の会社などが実施している「携帯安全教室」もお勧めです。授業参観の日に行えれば、保護者の方も一緒に情報モラルについて考えることができ、SNSでのトラブル防止にも役立ちます。

> ### コラム
> #### 地域の情報は地域の人に聞く
>
> 　教師が、一つの学校に勤めるのはせいぜい５〜６年です。一方、保護者や地域住民の中には、そこに何十年も住み続けている人もいます。そうした人たちは、地域にどんな資源が眠っていて、どんな人材がいるのかもよく知っているので、気さくに話せるような人がいたら聞いてみましょう。

4 学習評価・通知表の 小ネタ&小技
—「指導と評価の一体化」に向けて—

1. 学習評価と学級経営

　学習評価は、「評価のための評価」にならないようにして、子供の学習改善、教師の指導改善につながるものにすることが大事です。「子供が主体的に取り組んでいるか」「学習内容を理解しているか」などを適切に評価することで、日々の授業改善につなげること、すなわち「指導と評価の一体化」が重要です。また、教師によって評価が違ったものにならないように、必ず学年で評価規準をそろえます。子供に分かりやすく評価規準を示すことで、子供の学習改善にもつながります。

2. 学習評価・通知表作成等に関わる具体的な工夫

　新しい学習指導要領で、評価の観点が「知識・技能」「思考・判断・表現」「主体的に学習に取り組む態度」の3観点に整理されました。それぞれ、どのように評価すればよいのか、「学習評価の在り方 ハンドブック」から大切な部分を抜粋します。

【「知識・技能」の評価の方法】
- ペーパーテストにおいて、事実的な知識の取得を問う問題と、知識の概念的な理解を問う問題とのバランスに配慮する
- 児童生徒が文章による説明をしたり、各教科等の内容の特質に応じて、観察・実験をしたり、式やグラフで表現したりするなど実際に知識や技能を用いる場面を設ける

【「思考・判断・表現」の評価の方法】
- 論述やレポートの作成、発表、グループや学級における話合い、作品の制作や表現等の多様な活動を取り入れたり、それらを集めたポートフォリオを活用したりする

【「主体的に学習に取り組む態度」の評価の方法】
- ノートやレポート等における記述、授業中の発言、教師による行動観察や、児童生徒による自己評価や相互評価等の状況を教師が評価を行う際に考慮する材料の一つとして用いる（その際、各教科等の特質に応じて、児童生徒の発達の段階や一人一人の個性を十分に考慮しながら、「知識・技能」や「思考・判断・表現」の観点の状況を踏まえた上で、評価を行う）

　　　　　　　　　　文部科学省 国立教育政策研究所「学習評価の在り方ハンドブック」より引用

学習評価の記録は、提出物の記録や評価メモ（①）の作成、座席表に評価を記入するなどの方法があります。負担感なくできるように、評価規準の作成とともにメモ枠を作成しておくといった準備をしておきましょう。

①評価メモの例

評価の観点		知識・技能	単元における評価	思考・判断・表現		単元における評価	主体的に学習に取り組む態度	単元における評価
単元の評価規準（※◎印は重点）		①		①(◎)	②		①	
時間		2・3・4		2・3・4	5・6・7		2・3・4	
評価方法		カード		ワークシート①	ワークシート③		観察・ワークシート②	
評価	児童1	B	B	B	B	B	B	B
	児童2	B	B	A 聞き手に伝えるための効果的な表現について記述あり。	B	A	B	B
	児童3	A 見たことやしたことについて思ったことを加えていたり、様子を表す言葉を用いたりしている。	A	A 聞き手に与える印象の記述あり。	A 自分の経験と関連付けた感想あり。	A	A 友達の並び順について助言あり。	A

文部科学省 国立教育政策研究所「『指導と評価の一体化』のための学習評価に関する参考資料 小学校 国語』（2020年3月）より引用

通知表の評価は、それまでのペーパーテストの結果や評価記録をもとに作成します。所見作成には、Excelを活用して、メモを作成します。例えば、算数で複合図形の体積の求め方を考えて発表した場合は、「算数、複合図形を分けて求める、発表」と入力しておきます。メモを増やしていけば、学期末はこれを「算数科『直方体や立方体の体積』の学習では、複合図形の体積を既習の直方体に分けて求め、自分の考えを発表することができました」と文章にするだけで、所見が出来上がります。ポイントは、紙の名簿でも構わないので、給食中や放課後など、時間を作ってすぐに記録することです。所見作成の際には、評価との一致を確認します。また、評価がCでも「この内容はできていた」「こんなことをがんばった」といったフォローを所見に入れることも大切です。

②所見用メモの例

番号	児童名	メモ	所見
1	A	国語推薦します、給食当番片付け	給食当番の際は、みんなが片付けやすいように自分が食べ終わるとすぐに片付けの準備を進めるなど、学級を支え続けてくれました。国語科「すいせんします」では、目的に合った内容で分かりやすくスピーチをすることができました。
2	B	図形の角100点、学級会で発表	算数科「図形の角」では、多角形の内角の和は、三角形に分けることによって求められることを理解し、計算で三角形や四角形の角の大きさを求めることができました。発表の機会が増え、学級会でも自分の意見を皆に伝えることができました。
3	C	理科、どうやったら溶ける量が増えるかの課題、予想を立てた、みんなにない発想	理科「もののとけ方」では、物が水に溶ける様子を見て、物が水にどれくらい溶けるのか、水にもっと溶かすにはどうしたらよいかなどの疑問を進んで発言し、自分なりの理由で予想することができました。

5 保護者対応の小ネタ＆小技
－積極的対応が信頼に－

1. 保護者対応と学級経営

　保護者との連携をスムーズに進めるために必要なものは、信頼関係です。信頼関係を築くには、こまめにコミュニケーションを取ることが必要です。ただ、保護者に直接会い、話す機会は年に数回程度しかありません。そこで、つながりを意図的につくり、積極的に関係を深めるようにしましょう。

　また、保護者が担任に求めるものは、指導力や人間性です。子供一人一人が楽しく学び、教師との信頼関係が築けていれば、我が子の姿から教師への安心感が増し、指導方針にも理解を示してくれます。

　教育の専門家として子供たちに適切な指導を行い、保護者との信頼関係を築いていきましょう。

2. 保護者の信頼を獲得する具体的な工夫

（1）進んであいさつをする

　「人の評価は、第一印象で9割決まる」と言われます。その意味でも、明るくあいさつすることはとても大切です。隣のクラス、違う学年の保護者にも進んであいさつをしましょう。保護者は、笑顔であいさつをしてくれる教師のことはよく覚えているものです。その評価が巡り巡って、自分のクラスの保護者の信頼にもつながります。

（2）連絡するときは「＋αの情報」を加える

　欠席した日に健康状態を聞いたり、指導上気になることを連絡したりすることがありますが、一通り連絡を済ませた後に、「実は○○の学習で、〜してくれてえらかったです」など活躍の様子をさりげなく伝えます。わずか1〜2分の会話が、「先生が気にかけてくれている」という安心につながります。電話を手に取る前に、最近のがんばりを2〜3用意するよ

うにしましょう。

（3）教室環境を整備する

　授業参観などで教室に来た保護者は、掲示物や教室環境など、さまざまな所を見ています。廊下や教室の掲示物は全員分がそろっていて、ロッカーや棚が隅々まで清掃されていれば、「できる先生」だと評価が上がります。また、兄弟のクラスに行ったり、校内を見て回ったりする保護者もいます。時には他のクラスの保護者が様子を見に来ることもあります。教室整備を心掛け、いつ、誰が来ても、自信を持って公開できる学習環境づくりを行いましょう。

（4）学級通信などで、子供たちの学校での生活を伝える

　保護者との関係を築く方法は、会話だけではありません。学級通信を通してクラスの様子を知らせることで、保護者は子供がどんなことを学習し、どんな生活をしているのか、実態を理解できて安心します。また、学級通信を通して家族に会話が生まれ、担任の指導の様子が保護者に伝わるきっかけにもなります。教師の言葉は最低限にとどめ、子供の写真やノートの言葉などを中心に構成して、子供が主役の学級通信にします。

（5）問題が発生したら、できるだけ早く正確に連絡を行う

　トラブルが起きた場合は、保護者への連絡が早いほど、問題解決への積極的な姿勢が伝わります。トラブルの状況を説明するにしても、担任から客観的な事実を説明してから子供の話を聞くのと、子供の主観が入った話を聞いてから担任の話を聞くのとでは、保護者の受け取り方も大きく違ってきます。

　あまりに連絡が遅い場合は、「忘れていたのでは」という不信感も生まれます。普段の仕事にも当てはまりますが、「報・連・相」は早く正確に行うようにしましょう。

6 提出物処理の小ネタ&小技
―限られた時間を有効に―

1. 提出物処理と学級経営

　宿題の提出方法については、4月当初の早い段階で出す場所、出し方をシステム化します。また、提出物には「忘れ」がつきものです。もちろん、完璧な子というのはなかなかいませんが、忘れたことを「黙っている」「何度も繰り返す」ことはしないよう、しっかりと指導します。

　高学年になると、単元のまとめや新聞など、家に持ち帰って作業するものも増えます。「期限を守ること」は、実社会でも大切なことなので、きちんと期日までに提出するよう指導する必要があります。ただ、気を付けたいのは、忘れた子を周りの子が責めることがないようにすることです。日頃から「誰かを責めるのは一番簡単な方法。大切なのは、やり方を教えてあげたり、助けてあげたりすること」と伝えることが大切です。

2. 提出物処理の具体的な工夫

　教科のノートは授業の度に提出させることもありますが、その処理を全て完璧にすることはできないので、軽重をつけることが大切です。花丸にコメントを書きたい気持ちは分かりますが、できるだけ簡単にチェックするために、スタンプを多用しましょう。

　そして、最も簡単なのは日付を書くことです。時間がないときは、日付だけ書けばよいですし、良い所や気になる所に線を引いたり、内容によってはコメントを書いたりすることもできるので、無理なく続けることができます。日付を書くだけなら、短い休み時間や隙間時間でもできます。

　ただし、算数については、ノートを見ることで学習の定着度が分かるので、振り返りや適応・適用問題の進度と正答数を確認しましょう。毎回は難しいので、単元の最初、途中、最後とポイントを決めて確認することで、授業改善にもつなげられます。特に「分からなかった」「難しかった」と書いている子供には、フォローが必要です。必ず次の授業で声を掛けたり、休み時間に問題の確認をしたりして、分からないままにしないようにします。

　社会科などで作る新聞はA4サイズで作成し、クリアポケットを活用して掲示します。毎回コメントを書くと負担感が増すので、スタンプを活用し、「評価Aは3つ」「Bは2つ」とすることもできます。

国語の授業で作った俳句や詩の清書は、花丸やスタンプの必要がないので、Ａ４またはＢ５の用紙に書いてクリアポケットに掲示するとよいでしょう。終わった子供からクリアポケットに入れるようにすると、名簿でチェックをしなくても誰が終わっていないのかが一目瞭然で分かります。また、全員の作品が並んでいるので、評価もしやすいものがあります。

3.　時短術など

　新聞やワークシート、ノートの記録は、一人ずつ評価→スタンプ（花丸）とするよりも、最初に内容を確認してＡ、Ｂ、Ｃ（ＡＡ、Ｂ、Ｃ、Ｄ）に分け、その後に記録しながらスタンプ（花丸）すると時短になります。また、記録はＡとＣの子のみにして、特にＡの子の良かった点をメモしておくと、通知表の所見にも使えます。これは、どの提出物にも使えますが、「後から書こう」と思ってもやらないで終わってしまうので、すぐにメモすることが大切です。教師用のタブレット端末等がある場合は、写真を撮って記録することもできます。

　基本的には、宿題はその日のうちに見て返すようにします。しかし、最近の教師は休み時間もなかなか時間が取れません。そこで、自学ノートや漢字ノートを２冊用意し、交互に提出して放課後見るようにしてもよいでしょう。

　漢字ノートは、丁寧に書くことや字の間違いを指導することも大切です。なかなか改善されない子供もいるので、４月のうちは徹底的に直しをして、「直すくらいなら丁寧に書こう」と思わせることが大切です。

　花丸も丁寧さによって、茎や葉を付けたり、蝶々を飛ばしたりして工夫できます。字の訂正は、子供の間違える傾向を頭に入れておき、その字を重点的に見るとよいでしょう（因、歴、適、敵、確、衛など）。

　提出のさせ方も、「ノートの色を男女で分けて番号を大きく振る」「番号順に区切って背表紙にシールを貼る」「班で提出する」などさまざまな工夫があります。何より大事なのは、１分でも隙間時間を見つけて有効活用することです。

おわりに

教師と子供たちの明るい未来に向けて

　本書「はじめて受け持つ小学校5年生の学級経営」をお読みくださり、心から感謝申し上げます。「はじめに」で書いたように、本書は子供たちに「主体性」と「多様な他者と協働する力」を養うことを目指し、そのためのネタや工夫等がたくさん盛り込まれています。

　ただ、読んでいただいて分かるように、専門的な理論や理屈は、ほとんど書かれていません。それは、学級経営に困っている現場の先生に、即戦力となる情報を提供することで、不安や負担を少しでも軽減してほしいとの思いで編集しているからです。もし、「主体性」とは何か、「協働」とは何かと、理論的なことをもっと突き詰めて学びたいという方は、ぜひ他の専門書等を当たってみてください。

　今、学校は「大変な時代」を迎えています。新しい学習指導要領では、「主体的・対話的で深い学び」が導入され、これまでのコンテンツベースの学びから、コンピテンシーベースの学びへの転換が求められています。また、小学校においては教科としての外国語（英語）やプログラミング教育なども、教育課程に入りました。さらには、GIGAスクール構想で1人1台のデジタル端末が入り、それを活用した学習活動も求められています。

　次から次へと降ってくる教育改革と、ますます多様化する子供たちを前に、疲弊気味の先生も少なくないことでしょう。2021年度から、段階的に「35人学級」になるとはいえ、要求されることがこのまま増え続ければ、負担は一向に減りません。教育行政には、教師の負担軽減に向けて、抜本的な改善策を講じてほしいところです。

　多忙化解消に向けて、教師自身でできることは何かといえば、仕事を効率的にこなしていくことです。換言すれば、「手を抜くところは抜く」ということでもあります。「そんなこと、子供のことを考えたらできない」と言う先生もいるかもしれませんが、仕事を効率化することが、必ずしも子供のマイナスに作用するとは限りません。

　日本の学校教育は世界的に見ても非常に手厚く、面倒見が良いと言われています。一方で、そうした手厚さが、子供たちの主体性を奪い、受け身の指示待ち人間を育ててきたとの指摘も、最近は多くの教育関係者がしています。「手を抜く」と言うと聞こえが悪いですが、ある程度は子供自身に活動を委ね、手放していくことも必要との見方もできます。何より、

「子供のために」と、教師ががんばり続けた結果、心身を壊してしまったら元も子もありません。実際に、そうした先生方が全国にはたくさんいます。

　そうした観点から、本書では効率的に学級経営ができる工夫や小技なども数多く紹介してきました。その多くは、全国のどの学校、どの学級でもすぐに使えるものです。実際に実践してみた先生の中には、「子供たちが大きく変わった」と言う人もいます。学級経営が変わり、子供が自主的・主体的に動くようになれば、教師の負担も少なからず軽減されます。

　また、これからの小学校教師には、1〜6年の全ての学年を受け持つ資質も求められています。中には「私は低学年のスペシャリストになりたい」などと考えている人もいるかもしれませんが、そうした意向が通らない時代になりつつあるのです。その意味でも、1〜6年生の全ての学年の学習内容を把握することはもちろん、発達段階的な特性なども理解した上で、学年に適した学級経営もしていかねばなりません。学年別で編集された本書は、そうしたニーズにも対応する形で執筆・編集されていますので、ぜひ参考になさってください。

　2020年から猛威を振るう新型コロナウイルスにより、学校の教育活動には多くの制限がかかっています。係活動や当番活動、学級会なども、これまで通りのやり方ができず、苦労をされている先生も多いことでしょう。本書で紹介した実践の中にも、感染症等が蔓延している状況においてはそのまま実践するのが困難なものもあります。実践方法を工夫するなどしてご活用ください。
　より良い未来を築くために、子供、教師、保護者、地域の方々等、学校教育に関わる全ての人々が幸せになれる教育活動を共に実践、推進していきましょう。
　子供たちや先生が伸び伸びと活動できる素敵な日々が続くことを祈っています。

2021年3月

小川　拓

編 著

小川　拓（おがわ・ひろし）

共栄大学准教授／元埼玉県小学校教諭

1970年、東京都生まれ。私立、埼玉県公立学校教諭・主幹教諭を
経て、2015年度より共栄大学教育学部准教授。2007年度から埼
玉県内の若手教職員を集めた教育職人技伝道塾「ぷらすわん塾」、
2015年より「OGA 研修会」（教師即戦力養成講座）を発足させ、
若手指導に当たっている。主な図書に『効果2倍の学級づくり』
『できてるつもりの学級経営9つの改善ポイント―ビフォー・アフ
ター方式でよくわかる』『子どもが伸びるポジティブ通知表所見文
例集』（いずれも学事出版）他がある。

執筆者

尾見　拓哉（埼玉県上尾市立西小学校主幹教諭）

高橋　美穂（埼玉県上尾市立大谷小学校教諭）

德橋　澄香（埼玉県さいたま市立馬宮東小学校教諭）

船見　祐幾（埼玉県さいたま市立美園小学校教諭）

はじめて受け持つ
小学校5年生の学級経営

2021年4月15日　第1版第1刷発行

編 著 —— 小川　拓

発行人 —— 花岡 萬之

発行所 —— 学事出版株式会社
　　　　　〒101-0021
　　　　　東京都千代田区外神田2-2-3
　　　　　電話 03-3255-5471
　　　　　http://www.gakuji.co.jp

編集担当 —— 二井　豪
編集協力 —— 株式会社コンテクスト
デザイン —— 細川 理恵（ホソカワデザイン）
印刷・製本 —— 精文堂印刷株式会社